AF297233

CORRIGÉ

DE LA NOUVELLE

CACOGRAPHIE,

FAIT D'APRÈS LA GRAMMAIRE ET LE DIC-
TIONNAIRE DE M. CHARLES-CONSTANT
LE TELLIER.

VINGT-CINQUIÈME ÉDITION.

A PARIS,

Chez { BELIN-LE PRIEUR, Libraire, rue Pavée
Saint-André-des-Arcs, n° 5 ;
CONSTANT LE TELLIER FILS, Libraire,
rue Neuve Saint-Marc, n° 8, près de la
place des Italiens.

———

1835.

Le Corrigé ne se vend qu'aux pères et aux
mères, aux instituteurs et aux institutrices.

———

Les Ouvrages suivants de M. Charles-Constant
  Le Tellier sont adoptés pour l'usage des
  Demoiselles élèves de la Maison royale de
  Saint-Denis, et des autres Maisons des
  Ordres royaux :

1° Nouveau Dictionnaire de la Langue Française, 6e édition.
2° Géographie des Commençants, 26e édition.
3° Histoire Sainte, 6e édition.
4° Histoire Ancienne, 3e édition.
5° Histoire de France, 13e édition.
6° Les divers ouvrages de Grammaire.

Imprimerie de J. GRATIOT, rue du Foin Saint-Jac-
ques, Maison de la Reine Blanche.

CORRIGÉ

DE LA NOUVELLE

CACOGRAPHIE.

PREMIER EXERCICE.

Les soieries que je vous ai vendues ont excité l'admiration de touts ceux à qui je les ai fait voir avant de vous les envoyer. Mais les indiennes que vous m'avez livrées n'ont paru belles à personne. Je vous les ai cependant payées fort cher, et je crains bien de ne pouvoir point en retirer les sommes qu'elles m'ont coûté. Les épiceries que nous avons tirées du Levant sont arrivées à bon port. Les deux vaisseaux qui nous les ont apportées ont été attaqués plusieurs fois par des vaisseaux anglais, et ils se sont vus souvent au moment d'être pris ; mais ils se sont toujours défendus vaillamment, et sont parvenus à repousser touts les ennemis qui se sont rencontrés sur leur passage. Je ne saurais vous dire touts les danger

qu'ils ont courus, et auxquels ils se sont sous-
traits, ou qu'ils ont su éloigner par la prudence
et par le courage de ceux qui les montaient.
Quelques sacrifices que mes sœurs aient faits
en faveur de cette famille ingrate, quelque
dures privations qu'elles se soient imposées
pour venir à son secours, quelque nombreux
qu'aient été les bienfaits dont elles l'ont com-
blée, elles n'ont trouvé que des cœurs durs et
perfides. Aussi, quels que soient les malheurs
qu'éprouvent désormais ces méchantes gens,
mes sœurs sont décidées à les abandonner à
leur infortune et à leur perversité.

II.

Les deux opéras que vous m'avez envoyés,
et que vous m'avez engagé à lire, étincellent
de mille beautés. Je les ai lus à mes sœurs, qui
se sont plues à rendre à l'auteur toute la justice
qui lui est due. — Je ne sais si je vous ai raconté les accidents et les peines qui sont surve-
nus à nos jeunes parentes dans les deux derniers voyages qu'elles ont faits. Elles sont arrivées avant-hier au soir, et je les ai vues hier
matin. Elles m'ont appris elles-mêmes les désagréments et les mésaventures qu'elles ont
esuyées pendant leur absence. Cette couple des

pigeons que vous nous avez servis à notre dîner
sont-ils le produit de ce couple de pigeons
que je vous ai donné pour peupler votre volière ? Quelques torts que j'aie à me reprocher
à votre égard, quelque justes sujets de plainte
que je vous aie donnés, quelle qu'ait été ma
conduite envers vous depuis six mois, j'ose espérer cependant que vous me rendrez vos
bonnes grâces que je vous ai avoué plusieurs
fois que j'avais perdues par ma faute. Votre
tante s'était attendue à recevoir de vous plus
de témoignages de tendresse que vous ne lui
en avez donné. Vous vous êtes montrée, ma
chère amie, trop peu sensible à toutes les caresses qu'elle s'est empressée de vous faire. Je
crains que vous n'ayez perdu son amitié, que
vous auriez dû chercher à conserver et à aug-
menter par touts les moyens que je vous avais
tant recommandé d'employer.

III.

Les reproches que vous avez faits à mon fils,
ma fille se les est appliqués à elle-même, parce
qu'elle a reconnu qu'elle les avait mérités.
Elle m'a avoué qu'elle ne s'était pas assez occupée du soin de profiter des leçons que vous
avez eu la bonté de lui donner tout l'hiver
dernier. J'ai dû profiter de cet aveu pour

ranimer un peu cette ardeur qu'elle avait montrée dans les deux premières années de son éducation. Je lui ai représenté qu'elle avait fait moins de progrès en un an que sa cousine n'en a fait en quatre mois. Elle est convenue qu'elle s'est trop laissée aller à la paresse; et elle s'est engagée à faire désormais les plus grands efforts pour répondre à vos soins pour elle. — Les orgues que nous avons entendues l'an passé à Vienne me paraissent bien supérieures à l'orgue que j'ai entendu dimanche dernier dans l'église de Saint-Sulpice. L'orgue même de l'église de Notre-Dame, que vous m'aviez tant vanté, est inférieur aux orgues que nous avons admirées dans les églises d'Allemagne. — Il y a vingt et un jours passés que ma fille est partie, et elle ne m'a pas encore donné de ses nouvelles. — Le livre que vous m'avez prêté est un des meilleurs que j'aie jamais lus.

IV.

LE CHÊNE ET LE ROSEAU.

La Fontaine mettait au rang de ses meilleures fables celle du Chêne et du Roseau. Avant que de la lire, essayons nous-mêmes, dit l'abbé *Le Batteux*, quelles seraient les idées que la nature nous présenterait sur ce sujet. Prenons les devants, pour voir si l'auteur suivra la même route que nous.

Dès qu'on nous annonce le chêne et le roseau, nous sommes frappés par le contraste du grand avec le petit, du fort avec le faible. Voilà une première idée qui nous est donnée par le seul titre du sujet. Nous serions choqués, si, dans le récit du poëte, elle se trouvait renversée de manière qu'on accordât la force et la grandeur au roseau, et la petitesse avec la faiblesse au chêne; nous ne manquerions pas de réclamer les droits de la nature, et de dire qu'elle n'est pas rendue, qu'elle n'est pas imitée. L'auteur est donc lié par le seul titre.

Si l'on suppose que ces deux plantes se parlent, la supposition une fois accordée, on sent que le chêne doit parler avec hauteur et avec confiance, le roseau avec modestie et simplicité ; c'est encore la nature qui le demande. Cependant, comme il arrive presque toujours que ceux qui prennent le ton haut sont des sots, et que les gens modestes ont raison; on ne serait point surpris ni fâché de voir l'orgueil du chêne abattu, et la modestie du roseau préservée. Mais cette idée est enveloppée dans les circonstances d'un événement qu'on ne conçoit pas encore. Hâtons-nous de voir comment l'auteur la développera.

> Le Chêne un jour dit au Roseau :
> Vous avez bien sujet d'accuser la nature.

Le discours est direct. Le chêne ne dit point au roseau *qu'il avait bien sujet d'accuser la nature ;* mais, *vous avez...* Cette manière est beaucoup plus vive : on croit entendre les acteurs mêmes : le discours est ce qu'on appelle dramatique. Ce second vers d'ailleurs contient la proposition du sujet, et marque quel sera le ton de tout le discours. Le chêne montre déjà du sentiment et de la compassion, mais de cette compassion orgueilleuse par laquelle on fait sentir au malheureux les avantages qu'on a sur lui.

V.

> Un roitelet pour vous est un pesant fardeau.

Cette idée que le chêne donne de la faiblesse du roseau est bien vive et bien humiliante pour le roseau ; elle tient de l'insulte : le plus petit des oiseaux est pour vous un poids qui vous incommode.

> Le moindre vent qui d'aventure
> Fait rider la face de l'eau,
> Vous oblige à baisser la tête.

C'est la même pensée présentée sous une autre image. Le chêne ne raisonne que par des exemples ; c'est la manière de raisonner la plus sensible, parce qu'elle frappe l'imagination en même temps que l'esprit. *D'aventure* est un terme un peu vieux, dont la naïveté est poétique. *Rider la face de l'eau* est une image juste et agréable. *Vous oblige à baisser la tête.* Ces trois vers sont doux : il semble que le chêne s'abaisse à ce ton de bonté par pitié pour le roseau. Il va parler de lui-même en bien d'autres termes.

> Cependant que mon front au Caucase pareil,
> Non content d'arrêter les rayons du soleil,
> Brave l'effort de la tempête.

Quelle noblesse dans les images ! Quelle fierté dans les expressions et dans les tours ! *Cependant que*, terme noble et majestueux. *Au Caucase pareil*, comparaison hyperbolique. *Non content d'arrêter les rayons du soleil. Arrêter* marque une sorte d'empire et de supériorité ; sur qui ? sur le soleil même. *Brave l'effort. Braver* ne signifie pas seulement *résister*, mais résister avec insolence. Ce n'est point à la tempête seulement qu'il résiste, mais à son effort. Le singulier est ici plus poétique que le pluriel. Ces trois vers, dont l'harmonie est forte, pleine, les idées grandes, nobles, figurent avec les trois précédents, dont l'harmonie est douce, de même que les

idées : observez encore *front* et *arrêter* à l'hé-
mistiche.

VI.

Tout vous est aquilon ; tout me semble zéphyr.

Le chêne revient à son parallèle, si flatteur
pour son amour propre ; et, pour le rendre
plus sensible, il le réduit en deux mots. Tout
vous *est* réellement aquilon : et à moi, tout me
semble zéphyr. Le contraste est observé par-
tout, jusque dans l'harmonie. *Tout me semble
zéphyr* est beaucoup plus doux que *tout vous
est aquilon*. Mais quelle énergie dans la briè-
veté ! Continuons :

> Encor si vous naissiez à l'abri du feuillage
> Dont je couvre le voisinage,
> Vous n'auriez pas tant à souffrir :
> Je vous défendrais de l'orage.

L'orgueil du chêne était content ; peut-être
même qu'il avait un peu rougi. Il reprend son
premier ton de compassion, pour engager
adroitement le roseau à consentir aux louanges
qu'il s'est données, et à flatter encore son
amour propre par un aveu plaintif de sa faiblesse. Mais, malgré ce ton de compassion, il
sait toujours mêler, dans son discours, les expressions du ton avantageux. *A l'abri* est vain
et orgueilleux dans la bouche du chêne. *Du
feuillage dont je couvre le voisinage. De mon*

feuillage eût été trop succinct et trop simple ; mais *dont je couvre*, cela étend l'idée et fait image. *Le voisinage*, terme juste, mais qui n'est pas sans enflure. *Je vous défendrais de l'orage. Je......* qu'il y a de plaisir à se donner soi-même pour quelqu'un qui protège!

> Mais vous naissez le plus souvent
> Sur les humides bords du royaume du vent.

Ce tour est poétique, et même de la haute poésie, ce qui ne messied pas dans la bouche du chêne.

> La nature envers vous me semble bien injuste.

C'est la conclusion que le chêne prononça sans doute en appuyant, et avec une pitié désobligeante, quoique réelle et véritable.

VII.

On attend avec impatience la réponse de roseau. Si on pouvait la lui inspirer, on ne manquerait point de l'assaisonner. La Fontaine, qui a su faire naître l'intérêt, ne sera point embarrassé pour le satisfaire. La réponse du roseau sera polie, mais sèche, et l'on n'en sera point surpris.

> Votre compassion, lui répondit l'arbuste,
> Part d'un bon naturel.

C'est précisément une contre-vérité. Le roseau n'a pas voulu lui dire qu'elle partait de l'orgueil ; mais seulement il lui fait sentir qu'il en avait examiné et vu le principe : c'était au chêne à comprendre ce discours. Tout ce qui suit est sec et même menaçant.

> Mais quittez ce souci :
> Les vents me sont moins qu'à vous redoutables ;
> Je plie et ne romps pas : vous avez jusqu'ici
> Contre leurs coups épouvantables
> Résisté sans courber le dos ;
> Mais attendons la fin.

Le propos n'est pas long, mais il est énergique.

Les acteurs n'ont plus rien à se dire ; c'est au poëte à achever le récit. Il prend le ton de la matière ; il peint un orage furieux :

> Comme il disait ces mots,
> Du bout de l'horizon accourt avec furie
> Le plus terrible des enfants
> Que le Nord eût portés jusque-là dans ses flancs.

Le vent part des extrémités de l'horizon ; sa rapidité s'augmente dans sa course : il y a image. Au lieu de dire un vent du *nord*, on le personnifie ; et la périphrase donne de la noblesse à l'idée, et de l'espace pour placer l'harmonie.

> L'arbre tient bon : le roseau plie.

Voilà nos deux acteurs en situation parallèle

> Le vent redouble ses efforts,
> Et fait si bien qu'il déracine

Celui de qui la tête au ciel était voisine,
Et dont les pieds touchaient à l'empire des morts.

Ces vers sont beaux, nobles ; l'antithèse et l'hyperbole qui règnent dans les deux derniers les rendent sublimes.

Le poëte, comme on le voit, a suivi les idées que le sujet présente naturellement : c'est ce qui fait la vérité de son récit. Mais il a su revêtir ce fonds de touts les ornements qui pouvaient lui convenir: c'est ce qui en fait la beauté. Ses pensées, ses expressions, ses tours, forment un accord parfait avec le sujet. Toutes les parties en sont assorties et liées, au dedans par la suite et l'ordre des pensées, au dehors par la force du style, et nous présentent par ce moyen un tableau de l'art où tout est grâce et vérité. Joignez à cela le sentiment qui règne par-tout, qui anime tout d'un bout à l'autre. Cette pièce a tout ce qu'on peut desirer pour une *fable* parfaite.

(LA FONTAINE *développé par Le Batteux.*

VIII.

L'homme a recours à la poésie et à la musique pour raconter à ses enfants attentifs les conquêtes qu'il a faites, les victoires qu'il a remportées, la gloire qu'il s'est acquise, les inventions dont la société s'est enrichie, les événemens qu'il a vus se passer devant lui, et ceux qu'il a entendu narrer par ses aïeux. Lorsque son ame est saisie d'un noble enthousiasme, les peintures qu'il offre à ses auditeurs sont pleines de feu et de vérité. — Les histoires que nous avons commencé de lire, nous ont paru pleines d'intérêt. Ma sœur, si tu ne les as pas encore lues, je te conseille de te les procurer. Lorsque tu te seras bien appliquée à les graver dans ta mémoire, je te prierai de me faire connaître les traits qui t'auront le plus intéressée. Si notre jeune parente s'est fait une si brillante réputation dans la société, c'est parce qu'elle s'est attachée à lire les bons historiens. La lecture est la nourriture de l'ame; mais le choix des livres est difficile à faire. Ma mère, que j'ai consultée à ce sujet, m'a indiqué ceux qu'elle a crus les meilleurs. Mais la liste que j'en ai montrée à notre parente, lui a paru incomplète et peu exacte. Elle m'a fourni la note de ceux qu'elle a lus; et ma mère, à qui je l'ai soumise, l'a approuvée. Lorsque j'aurai lu ces divers ouvrages, je t'en rendrai compte; mais je ne veux point que tu montres à personne les extraits que je me suis proposé de t'envoyer.

IX.

Madame Viot avait été mariée d'abord à monsieur d'Antremont, puis en secondes noces à monsieur Bourdic. Lorsqu'elle se fut remariée en troisièmes noces à monsieur Viot, elle se fixa à Paris, où sa société fut recherchée de tout ce qu'il y avait de gens aimables. Douée d'une présence d'esprit rare, elle répondait toujours gaiement aux traits malins qu'on lui lançait. Elle montra, dès sa plus tendre jeunesse, la plus grande facilité à faire des vers. Elle suivait les règles de la versification, sans les connaître, sans les avoir étudiées; et, comme son imagination très active avait été éveillée de bonne heure, les expressions venaient d'elles-mêmes se placer sous sa plume. Elle n'était pas jolie; mais elle avait une taille élégante : ce qui lui faisait dire, en parlant d'elle-même, que la nature avait manqué la façade, mais qu'elle avait bien fait l'édifice. Afin de réparer ce désagrément, elle résolut d'acquérir des connaissances profondes dans touts les genres. Une honnête aisance, une heureuse existence, permirent à madame Viot de se livrer à son goût pour la musique et pour la poésie. Mais elle n'a amais attaché aucune importance à ses productions, qu'elle a toujours appelées des bagatelles; et elle n'était pas peu surprise quand elle lisait, dans l'*Almanach des Muses*, les vers qu'on lui avait dérobés. Madame Viot s'était tracé un cercle littéraire duquel elle n'est sortie que deux fois : la première, par une *Ode au Silence*; la seconde, dans son *Eloge de Montaigne*. L'ode au Silence est pleine d'idées sublimes, et ne serait pas désavouée par les meilleurs poëtes comiques.

X.

Nous avons déjà dit que madame Viot n'était point jolie. Mais cela ne l'avait point empêchée de contracter l'habitude de fixer continuellement ses regards sur les glaces de l'appartement où elle se trouvait. Une dame de sa connaissance, choquée de cette manie, qu'elle avait remarquée, la lui reprocha un jour en présence de plusieurs personnes qui se trouvaient réunies. Voilà madame Viot, dit-elle, la voilà qui contemple toujours son image. Il est vrai, répondit madame Viot; mais c'est pour savoir par expérience si l'on peut s'accoutumer à la laideur.

Cette dame qui s'était montrée si sévère envers madame Viot, fit, quelques jours après, une romance; et, l'ayant apportée à madame Viot, elle la pria de la chanter en s'accompagnant sur le piano. Vous savez bien, dit madame Viot, que je n'ai point de voix.—Vous en avez assez pour chanter mes couplets, et je vous prie de ne pas me refuser le plaisir que je suis venue vous demander. Madame, reprit vivement madame Viot, je *sifflerai votre romance,* si vous insistez; mais, pour la chantez, cela m'est impossible.

. Cependant madame Viot, si spirituelle, et sachant lancer si à propos un trait malin, était douée d'une sensibilité qui l'a toujours rendue chère à touts ceux qui l'ont connue. Courses, démarches, sollicitations, rien ne lui a coûté pour le service des amis qu'elle a eus à obliger. C'était à elle que madame Du Boccage était redevable de la pension qu'elle avait obtenue sur la fin de sa vie. L'occasion que cette dernière saisit pour lui en marquer sa reconnaissance, fait honneur à toutes deux.

XI.

Madame Du Boccage, s'étant trouvée dangereusement malade, fit son testament, et envoya dire à madame Viot qu'elle avait quelque chose de très pressant à lui communiquer. Madame Viot se rend à l'invitation. « Vous m'avez « beaucoup aimée, lui dit madame Du Boccage,

« vous m'avez célébrée, vous m'avez servie. J'ai
« obtenu une pension, comme femme de
« lettres, et c'est à vous que je la dois. Dans
« mon voyage à Rome, le pape Benoît XIV
« m'a fait présent d'une miniature, copie char-
« mante de la noce Aldobrandine. C'était, me
« dit-il, un prix de mes talents; je puis répé-
« ter cette expression, puisqu'il daignait y
« croire. Comme vous témoignâtes en faire
« quelque cas, soyez donc mon héritière;
« mais jouïssez, avant ma mort, d'un bien que
« vous avez mérité. »

Par une fatalité singulière, ces deux amies
sont mortes presque le même jour. L'une (madame Du - Boccage) s'est endormie paisible-
ment; l'autre a été emportée par une maladie
violente, après avoir éprouvé les douleurs les
plus aiguës. C'est le 7 août 1801, que madame
Viot a terminé sa carrière, à la Ramière, près
de Bagnols. Elle avait alors cinquante-cinq ans.
La nature ne l'avait pas favorisée du côté de la
figure; mais, pour la dédommager, elle lui
avait donné beaucoup d'esprit et de qualités
aimables. Elle s'était appliquée à l'étude des
langues étrangères, et avoit appris l'allemand,
le latin, l'italien, et l'anglais.

XII.

O mon frère! Comment te peindre toute la joie que ta lettre a causée à ta sœur? C'est cette lettre qui m'a retirée de la tombe, et qui m'a rendue au bonheur. Les ténèbres qui m'enveloppaient se sont dissipées depuis que je vois luire l'espérance de retrouver ma mère. Je pourrai donc la serrer encore dans mes bras, essuyer la trace des pleurs qu'elle a répandus, lui dire touts les maux que j'ai soufferts, entendre ses douleurs passées! O mon frère! L'univers où j'étais s'est transformé en un autre univers, et je ne suis plus sur une terre où l'on ne verse que des larmes. Croirai-je qu'en effet ma mère s'est laissé fléchir, que les longues souffrances de sa malheureuse fille l'ont enfin attendrie? Je ne puis plus douter de mon bonheur. Elle est enfin arrivée cette mère dont j'ai si long-temps desiré le retour. A la vue de ma mère, je suis tombée sans connaissance. J'ignore combien cet état a duré; je n'ai même aucune idée distincte de l'instant où les secours qu'on m'a donnés m'ont fait revenir à moi. Enfin, j'ai reconnu ma mère, et je me souviens parfaitement de son discours, parce qu'à mesure qu'elle le prononçait, mes idées se sont éclaircies; j'ai senti mon sang reprendre sa chaleur, et mon cœur son mouvement. O ma mère! me suis-je écriée, je vous ai cruellement affligée; mais le ciel m'en a horriblement punie.

XIII.

Les trois ministres qui se sont succédé en moins d'un an, ne se sont pas montrés dignes de la confiance que leur a accordée le souverain qui les a élevés à ce poste éminent. Cette place qu'ils n'ont pas su conserver, parce qu'ils l'ont mal remplie, vient d'être confiée à un homme généralement estimé. Les bruits qui se sont répandus depuis quelque temps, et qui se sont succédé avec une prodigieuse rapidité, ne méritaient pas la confiance qu'ils ont obtenue d'un public trop crédule. Ils se sont détruits d'eux-mêmes, et ont couvert de ridicule ceux qui les avaient débités ou répétés. Les injustices que vous nous avez fait éprouver, et dont nous nous sommes plaints tant de fois auprès de vous, les maux dont vous nous avez laissé accabler par nos persécuteurs, tout nous a forcés à recourir à un protecteur plus juste et plus généreux qui sût mieux nous défendre contre des ennemis que nous nous sommes faits sans le vouloir. Les cruautés dont se sont souillés les divers empereurs romains qui se sont succédé les uns aux autres depuis le règne d'Auguste, se trouvent consignées dans l'histoire, et rendront à jamais exécrable la mémoire de ces hommes féroces qui se sont couverts du sang des hommes qu'ils étaient appelés à rendre heureux.

XIV.

Les dangers qu'on avait cherché à éviter ne tardèrent pas à se reproduire ; mais nos troupes, s'étant raidies contre les difficultés, les ont complètement vaincues. J'ai été moi-même témoin des efforts qu'elles ont faits, et de l'intrépidité héroïque qu'elles ont développée dans ces circonstances critiques. Vos tantes se sont laissé gouverner par un homme trompeur et perfide qui les a engagées dans un procès ruineux, après lequel elles se sont vues dépouillées de presque toute leur fortune. Combien elles se sont repenties alors de s'être laissées aller à des suggestions insidieuses dont elles sont devenues les tristes victimes ! En voyant l'ingratitude dont votre cousine s'est rendue coupable envers moi, je ne puis que regretter toutes les peines que je me suis données pour l'obliger, et je suis tenté de lui reprocher à elle-même les services multipliés et importants que je lui ai rendus. Tant de lauriers dont ces deux héros se sont couverts, ne leur ont donné ni fierté ni orgueil. Ils se sont constamment montrés

modestes, affables, obligeants, et se sont concilié l'affection des officiers de tout grade qui
les ont connus, et qui ont trouvé en eux de
véritables frères. Justine n'a que sept ans; elle
s'était emparée hier de la main de sa mère, et
elle voulait la baiser. Mais cette mère, qu'elle
avait mécontentée le matin, lui retira sa main.
Justine s'est jetée aussitôt à ses genous; et, les
baignant de ses larmes, elle s'est écriée : O maman! si vous me refusez votre main, vous ne
me refuserez pas vos pieds. La bonne mère
s'est hâtée de relever sa fille, et elle l'a embrassée tendrement. Lorsque la mère nous a
raconté cette scène intéressante, nous en avons
été touts très vivement émus, et nous n'avons
pu retenir nos larmes.

XV.

Il n'est pas inutile d'observer l'influence
plus ou moins marquée que des circonstances
personnelles ont eue de tout temps sur le sort
des meilleurs ouvrages. Elles étaient favorables
à Voltaire lorsque *Mérope* parut. Le talent
maltraité en devient plus intéressant, et les
punitions arbitraires, fussent-elles méritées,
soulèvent l'opinion contre l'autorité. Les persécutions qu'avait essuyées Voltaire n'avaient
peut-être pas désarmé ses ennemis; mais elles

lui avaient concilié la faveur publique, qu'il est aisé d'obtenir dans l'éloignement. Mérope fut jouée dans le moment même où un ministre venait d'écarter Voltaire de l'Académie française, non seulement contre le vœu général, mais contre le vœu particulier de Louis XV, qui avait annoncé son élection. On eût dit que le public voulait dédommager l'auteur de Mérope des disgrâces, des exils, des emprisonnements qu'on lui avait fait supporter. On lui prodigua, à la première représentation, des honneurs qu'aucun écrivain n'avait obtenus avant lui en personne. Je me contenterai d'indiquer les emprunts les plus remarquables que Voltaire a faits à la Mérope de *Maffei*, et les endroits beaucoup plus nombreux où la profonde connaissance du théâtre a mené le poëte français bien plus loin que celui de *Vérone*. Dans Voltaire, l'intérêt ne se ralentit pas un moment; il croît de scène en scène, depuis le premier vers que prononce Mérope jusqu'au dénouement. Le sort d'Egiste et les craintes maternelles de Mérope occupent sans cesse le spectateur depuis le commencement jusqu'à la fin, sans la plus légère distraction, sans qu'il s'y mêle aucune autre impression quelconque.

XVI.

Le cygne est un des plus grands entre les oiseaux d'eau; mais aucune espèce ne possède autant de grâce et de beauté, aucune ne se distingue par autant d'élégance dans les formes et de noblesse dans le port et les attitudes. « A sa noble aisance, dit Buffon, à la facilité, à la liberté de ses mouvements sur l'eau, on doit le reconnaître, non seulement comme le premier des navigateurs ailés, mais comme le plus beau modèle que la nature nous ait offert pour l'art de la navigation. Son cou élevé, et sa poitrine relevée et arrondie, semblent en effet figurer la proue du navire fendant l'onde : son large estomac en représente la carène; son corps, penché en avant pour cingler, se redresse à l'arrière et se relève en poupe; la queue est un vrai gouvernail; les pieds sont de larges rames; et ses grandes ailes, demi-ouvertes au vent, et doucement enflées, sont les voiles qui poussent le vaisseau vivant, navire et pilote à la fois.

Le cygne joint aux dons de la beauté, à la douceur et à la tranquillité du caractère, le courage et la force qui créent et assurent la puissance : mélange heureux de qualités admirables, dont la nature n'offre que fort peu d'exem-

ples, et qui est encore plus rare au milieu des
sociétés humaines. Il ne craint aucun ennemi,
et on l'a vu souvent repousser avec succès les
attaques de l'aigle, braver les serres redoutables de ce tyran des airs, le frapper des coups
redoublés de son bec et de ses ailes vigoureu-
ses, le forcer à la fuite, sortir vainqueur d'une
lutte terrible qui semblait si inégale, et joindre
la palme du courage au triomphe plus doux
que lui assurent les charmes ravissants qu'il a
reçus de la nature.

Aussi paraît-il être fier de ses brillants avantages, et quelquefois s'en montre-t-il jaloux,
Le *cygne domestique* se plaît à être regardé,
admiré, applaudi ; il souffre impatiemment
l'approche de tout être vivant dont la blancheur pourrait le disputer à la sienne, ou seulement lui être comparée ; il entre en fureur, et,
quelle que soit la disproportion de la taille entre
lui et son rival, il l'attaque, le combat : l'envie
irritée double ses moyens et ses forces ; et il
n'est satisfait que lorsqu'il est parvenu à se dé-
barrasser d'une concurrence qui lui est insupportable. Un professeur a été témoin d'une
lutte très vive entre un cygne en colère et un
cheval fort paisible, qui n'avait d'autre tort
aux yeux de son agresseur que d'être blanc
comme lui. Le cheval paissait aux environs

d'un étang que décorait le cygne, modèle de grace et de fierté ; il y entra près de l'oiseau, qui s'élança aussitôt sur lui, et lui donna des coups d'aile si violents aux jambes qu'il en resta boiteux pendant long-temps. Ce cheval eût même succombé dans cette brusque et violente attaque, sans le secours de quelques hommes qui vinrent le délivrer de son adversaire.

XVII.

Les cyprès, dont on connaît une douzaine d'espèces, conservent leurs feuilles toute l'année. Ces arbres, comme quelques autres de la même famille, ont un aspect imposant et lugubre. Leur présence réveille ou inspire des idées sombres et mélancoliques. C'est par cette raison, sans doute, que les anciens les plaçaient autour de leurs tombeaux, et en faisaient les témoins muets de leur douleur. On lit dans leurs poëtes qu'Apollon changea en cyprès le jeune Cyparissé, qui voulait se tuer. Cette fiction nous prouve qu'ils regardaient ces arbres comme le symbole de la mort. Quoique nous ne soyons point dans l'usage d'en orner, ainsi qu'eux, notre dernière demeure, nous ne pouvons cependant nous défendre d'une certaine tristesse en les voyant. Peut-être éprouvons-nous ce sentiment, parce que les cyprès, comme les pins et les ifs, ont frappé souvent nos regards pendant l'hiver. La nature est en deuil dans cette saison : les seuls arbres qui la parent alors, nous semblent tristes comme elle ; et cette impression qu'ils ont faite en ce moment sur nous se renouvelle toutes les fois qu'ils s'offrent après à notre vue, même au milieu des riantes images du printemps.

Le cyprès commun est un arbre assez élevé. Son tronc est gros, très droit et revêtu d'une écorce brune ; il se garnit, dans presque toute sa longueur, de branches régulières, qui, dans une direction presque perpendiculaire à l'horizon, et, se serrant les unes contre les autres, forment, par cette disposition, une espèce de pyramide. Quoique cet arbre ait de très petites feuilles, les rayons du soleil pénètrent difficilement à travers ses rameaux, tant ils sont multipliés et rapprochés. Ses feuilles sont verdâtres, pointues, et rangées en manière de tuiles, sur quatre rangs, le long des plus petits rameaux. Sur les vieux, elles se dessèchent et se changent en écailles qui se réunissent en partie à l'écorce.

Le cyprès commun est originaire du Levant ; il croît naturellement dans les îles de l'Archipel. Son bois est très dur, très serré, presque incorruptible, et par conséquent très propre à faire des pieux, des palissades, des treillages, et toutes sortes d'ouvrages auxquels il importe d'employer des bois de longue durée. L'odeur de ce bois est pénétrante et suave, et approche de celle du bois de *sandal*. Sa couleur est pâle ou rougeâtre, et parsemée de quelques veines brunes. Le cyprès fournit un peu de résine dans les pays chauds; mais il n'en donne point dans nos climats.

XVIII.

Les *Plaideurs* de Racine sont remarquables en ce que la pièce n'est qu'une farce, et qu'elle est écrite d'un bout à l'autre du style de la bonne comédie. D'ailleurs, elle manque absolument d'intrigue et d'intérêt, et ne se soutient que par la gaieté des détails, et le comique des personnages. Mais aussi jamais on n'a prodigué avec plus d'aisance et de goût le sel de la plaisanterie : presque touts les vers sont des traits; et touts sont si naturels et si gais que la plupart sont devenus proverbes. On ne peut cependant voir dans les *Plaideurs* qu'un badinage que l'auteur fit en se jouant, et qui montre ce qu'il aurait pu faire dans la comédie, s'il s'y était appliqué.

Voici le début de ce chef-d'œuvre de gaieté.

C'est Petit-Jéan, portier du juge Dandin, qui
parle.

Ma foi ! sur l'avenir bien fou qui se fiera :
Tel qui rit vendredi, dimanche pleurera.
Un juge, l'an passé, me prit à son service;
Il m'avait fait venir d'Amiens, pour être suisse.
Touts ces Normands voulaient se divertir de nous :
On apprend à hurler, dit l'autre, avec les loups.
Tout Picard que j'étais, j'étais un bon apôtre,
Et je faisais claquer mon fouet tout comme un autre.
Touts les plus gros monsieurs me parlaient chapeau bas:
Monsieur de Petit-Jean, ah ! gros comme le bras.
Mais sans argent l'honneur n'est qu'une maladie.
Ma foi ! j'étais un franc portier de comédie :
On avait beau heurter et m'ôter son chapeau,
On n'entrait point chez nous sans graisser le marteau :
Point d'argent, point de suisse, et ma porte était close.
Il est vrai qu'à monsieur j'en rendais quelque chose :
Nous comptions quelquefois. On me donnait le soin
De fournir la maison de chandelle et de foin :
Mais je n'y perdais rien. Enfin, vaille que vaille,
J'aurais sur le marché fort bien fourni la paille.
C'est dommage, il avait le cœur trop au métier;
Touts les jours le premier aux plaids, et le dernier;
Et bien souvent, tout seul, si l'on l'eût voulu croire,
Il s'y serait couché sans manger et sans boire.
Je lui disais parfois : Monsieur Perrin Dandin,
Tout franc, vous vous levez touts les jours trop matin;
Qui veut voyager loin, ménage sa monture;
Buvez, mangez, dormez, et faisons feu qui dure.
Il n'en a tenu compte. Il a si bien veillé,
Et si bien fait, qu'on dit que son timbre est brouillé.
Il nous veut touts juger les uns après les autres ;
Il marmotte toujours certaines patenôtres

Où je ne comprends rien. Il veut, bon gré, mal gré,
Ne se coucher qu'en robe et qu'en bonnet carré.
Il fit couper la tête à son coq, de colère,
Pour l'avoir éveillé plus tard qu'à l'ordinaire :
Il disait qu'un plaideur dont l'affaire allait mal
Avait graissé la patte à ce pauvre animal.
Depuis ce bel arrêt, le pauvre homme a beau faire,
Son fils ne souffre plus qu'on lui parle d'affaire.
Il nous le fait garder jour et nuit, et de près :
Autrement, serviteur, et mon homme est aux plaids ;
Pour s'échapper de nous, Dieu sait s'il est alègre.
Pour moi, je ne dors plus : aussi je deviens maigre,
C'est pitié. Je m'étends, et ne fais que bâiller.
Mais, veille qui voudra, voici mon oreiller.
Ma foi ! pour cette nuit, il faut que je m'en donne :
Pour dormir dans la rue, on n'offense personne ;
Dormons.

XIX.

Petit-Jean.

Je lui disais donc, en me grattant la tête,
Que je voulais dormir. « Présente ta requête
« Comme tu veux dormir », m'a-t-il dit gravement.
Je dors en te contant la chose seulement.
Bonsoir.

Le fils de Dandin ordonne à Petit-Jean de coucher son maître. Dandin dit :

Du repos ? Ah ! sur toi tu veux régler ton père !
Crois-tu qu'un juge n'ait qu'à faire bonne chère,
Qu'à battre le pavé comme un tas de galants,
Courir le bal la nuit, et le jour des brelans ?
L'argent ne nous vient pas si vîte que l'on pense :
Chacun de tes rubans me coûte une sentence.

Ma robe vous fait honte ! Un fils de juge ! Ah ! ,
Tu fais le gentilhomme. Hé ! Dandin, mon ami,
Regarde dans ma chambre et dans ma garde-robe
Les portraits des Dandin : tous ont porté la robe;
Et c'est le bon parti. Compare prix pour prix
Les étrennes d'un juge à celles d'un marquis.
Attends que nous soyons à la fin de décembre.
Qu'est-ce qu'un gentilhomme? Un pilier d'antichambre
Combien en as-tu vu, je dis des plus huppés,
A souffler dans leurs doigts dans ma cour occupés?
Le manteau sur le nez, ou la main dans la poche ?
Enfin, pour se chauffer, venir tourner ma broche ?
Voilà comme on les traite. Hé ! mon pauvre garçon,
De ta défunte mère est-ce là la leçon?
La pauvre Babonnette ! Hélas, lorsque j'y pense,
Elle ne manquait pas une seule audience.
Jamais, au grand jamais, elle ne me quitta;
Et Dieu sait bien souvent ce qu'elle en rapporta ;
Elle eût du buvetier emporté les serviettes,
Plutôt que de rentrer au logis les mains nettes.
Et voilà comme on fait les bonnes maisons. Va,
Tu ne seras qu'un sot.

Le fils de Dandin conseille à son père de se
donner du repos. Dandin répond :

Quoi ! l'on me mènera coucher sans autre forme ?
Obtenez un arrêt comme il faut que je dorme.

LA COMTESSE DE PIMBESCHE.

Monsieur, tous mes procès allaient être finis :
Il ne m'en restait plus que quatre ou cinq petits;
L'un contre mon mari, l'autre contre mon père
Et contre mes enfants, Ah ! Monsieur, la misère!
Je ne sais quel biais ils ont imaginé,
Ni tout ce qu'ils ont fait; mais on leur a donné

Un arrêt par lequel, moi vêtue et nourrie,
On me défend, monsieur, de plaider de ma vie.

CHICANEAU.

Comment! C'est un exploit que ma fille lisait!
Ah! tu seras un jour l'honneur de ta famille :
Tu défendras ton bien. Viens, mon sang; viens, ma fille:
Va, je t'achetterai le praticien français.

XX.

L'alouette est le musicien des champs : son joli ramage est l'hymne d'allégresse qui devance le printemps, et accompagne le premier sourire de l'aurore. On l'entend dès les beaux jours qui succèdent aux jours froids et sombres de l'hiver, et ses accents sont les premiers qui frappent l'oreille du cultivateur vigilant. Le chant matinal de l'alouette était, chez les Grecs, le signal auquel le moissonneur devait commencer son travail, et il le suspendait durant la portion de la journée où les feux du midi d'été imposent silence à l'oiseau. L'alouette se tait en effet au milieu du jour; mais, quand le soleil s'abaisse vers l'horizon, elle remplit de nouveau les airs de ses modulations variées et sonores. Elle se tait encore lorsque le ciel est couvert et le temps pluvieux : du reste, elle chante pendant toute la belle saison. Dans toutes les espèces d'oiseaux, le ramage est un attribut particulier au mâle : l'alouette ne diffère point en ceci des autres espèces. On voit cet oiseau s'élever presque perpendiculairement et par reprises, et décrire, en s'élevant, une courbe en forme de vis ou de limaçon. Il monte souvent fort haut, toujours chantant, et forçant sa voix à mesure qu'il s'éloigne de la terre ; de sorte qu'on l'entend aisément lors même qu'on peut à peine le distinguer à la vue. Il se soutient long-temps en l'air, et il descend lentement jusqu'à dix ou douze pieds au-dessus du sol ; puis il s'y précipite comme un trait : sa voix s'affaiblit à mesure qu'il en approche, et il est muet aussitôt qu'il s'y pose.

La femelle fait promptement son nid ; elle le cache avec soin entre deux mottes de terre : il est plat, peu concave et presque sans consistance ; de l'herbe, de petites racines sèches et du crin le composent. Les œufs, au nombre de quatre ou cinq, ont des taches brunes sur un fond grisâtre. La femelle ne les couve que pendant quatorze ou quinze jours ; et, au bout de moins de temps, les petits sont en état de se passer de ses soins. Après leur avoir donné la becquée pendant quelques jours, elle les instruit à chercher eux-mêmes leur nourriture, et les fait sortir du nid avant qu'ils soient totalement couverts de plumes. Aussi l'oiseleur est-il souvent trom--

pé, en ne trouvant plus dans le nid les jeunes que quelques jours auparavant il avait vus récemment éclos, et presque entièrement nus.

Les amours printanières des alouettes leur laissent le temps de faire plusieurs couvées dans un été. Chez nous, aussi bien qu'en Allemagne, elles n'en font que deux; mais dans des pays plus méridionaux, en Italie, par exemple, il y en a trois : la première au commencement de mai, la seconde au mois de juillet, et la dernière au mois d'août.

XXI.

Le *Philosophe marié* et le *Glorieux* sont les deux chefs-d'œuvre de *Destouches*; et, en vérité, quand on a lu tout le reste de ses pièces, on est surpris qu'il ait fait ces deux ouvrages. Les connaisseurs ne peuvent pas expliquer comment un talent, très faible dans une foule de productions, peut avoir un ou deux moments si heureux qu'il rassemble dans un seul ouvrage tout ce qui lui avait manqué dans les autres.

Il y a dans le *Philosophe marié* de la conduite et de l'intérêt, des situations et des contrastes. Le mystère qu'*Ariste* veut garder sur son mariage, qu'il a conclu sans le consentement d'un oncle dont il est l'héritier, est suffisamment justifié par la crainte de perdre cette succession, et de nuire à la fortune de sa femme et de ses enfants, si cet oncle, qui a des vues d'établissement pour lui, vient à savoir qu'il s'est secrètement engagé. Il s'était d'ailleurs permis auparavant de plaisanter sur le mariage, et de se moquer de ceux qui avaient pris ce parti; il craint d'être raillé à son tour; et cette faiblesse est peu excusable dans un philosophe.

La douceur, la sensibilité, la modestie, qui font le caractère de *Mélite*, méritent la tendresse qu'Ariste a conçue pour elle. *Céliante*, sœur de Mélite, est recherchée par *Damon*, ami d'Ariste. Les deux sœurs ont des caractères tout-à-fait opposés. Ariste tremble continuellement que l'une ou l'autre ne révèle le secret qu'il a tant d'envie de tenir caché.

Ariste (seul dans son cabinet).

Oui, tout m'attache ici : j'y goûte avec plaisir
Les charmes peu connus d'un innocent loisir;
J'y vis tranquille, heureux, à l'abri de l'envie;
La folle ambition n'y trouble point ma vie;
Content d'une fortune égale à mes souhaits,
J'y sens tous mes desirs pleinement satisfaits.
Je suis seul en ce lieu, sans être solitaire,
Et toujours occupé, sans avoir rien à faire.
D'un travail sérieux veux-je me délasser,
Les muses aussitôt viennent m'y caresser.

Je ne contracte point, grâce à leur badinage,
D'un savant orgueilleux l'air farouche et sauvage.
J'ai mille courtisans rangés autour de moi :
Ma retraite est mon Louvre, et j'y commande en roi,
Mais je n'use qu'ici de mon pouvoir suprème ;
Hors de mon cabinet je ne suis plus le même.
Dans l'autre appartement, toujours contrarié,
Ici, je suis garçon ; là, je suis marié.
Marié ! C'est en vain que l'on se fortifie,
Par le grave secours de la philosophie,
Contre un sexe charmant que l'on voudrait braver ;
Au sein de la sagesse il sait nous captiver :
J'en ai fait, malgré moi, l'épreuve malheureuse ;
Mais ma femme, après tout, est sage et vertueuse :
Plus amant que mari, je possède son cœur ;
Elle fait son plaisir de faire mon bonheur.
Pourquoi contre l'hymen est-ce que je déclame ?
Ma femme est tout aimable.

XXII.

Ariste se plaignait seul d'avoir eu la faiblesse
de se marier. Il reprochait à Damon de l'avoir
engagé à contracter ce mariage : il ne croyait
point que Damon l'entendît ; mais Damon était
arrivé sans que son ami l'eût vu. Ariste dit
alors :

Il est écrit

Qu'un mari doit toujours avoir lieu de se plaindre.
Jusques à ce moment j'avais su me contraindre :
Mais puisque le hasard a trahi mon secret,
Avec vous désormais je serai moins discret.

En parlant de sa femme :

Cent belles qualités rendent la mienne aimable ;
Mais elle ne veut point se contraindre pour moi.

DAMON.

Que lui reprochez-vous ? Parlez de bonne foi.

ARISTE.

Son indiscrétion qui me tient en cervelle,
Et me cause, à toute heure, une frayeur mortelle.
Il semble que ce soit son plaisir favori
De laisser entrevoir que je suis son mari.
Chaque jour elle fait nouvelle connaissance,
Et chaque jour aussi nouvelle confidence,
A des femmes, sur-tout. Jugez si mon secret
N'est pas en bonnes mains.

DAMON.

Je prévois à regret
Que votre intention ne sera pas suivie.
Mais, au fond, pensez-vous que toute votre vie
Vous serez marié sans qu'on n'en sache rien ?

ARISTE.

Plût au ciel !

. . . . . Entre nous ma faiblesse
Est de rougir d'un titre et vénérable et doux,
D'un titre autorisé, du beau titre d'époux,
Qui me fait tressaillir lorsque je l'articule,
Et que les mœurs du temps ont rendu ridicule.
Ce motif, je le sens, n'est pas des plus sensés ;
Mais. . . . .

DAMON.

C'est avec raison que vous vous dispensez
A tout autre qu'à moi d'en faire confidence.
Et ce serait à vous une grande imprudence,
Si vous n'appuyiez pas sur un autre motif,
Dicté par l'intérêt, et bien plus positif,
Celui de ménager un oncle fort avare,
Quoique puissamment riche ; assez dur et bizarre

Pour vous déshériter indubitablement,
S'il vous sait marié sans son consentement.
Voilà pour votre femme une raison puissante.

XXIII.

ARISTE.

La rage de parler est encor plus pressante.
Mais ma femme, après tout, n'est pas la seule ici
Qui m'expose à l'éclat, et me mette en souci :
Sa sœur, plus imprudente, et si capricieuse
Qu'un moment elle est gaie, un moment sérieuse,
Riant, pleurant, jasant, se taisant, tour à tour,
Enfin, changeant d'humeur mille fois en un jour ;
Sa sœur, votre future, et qui, par parenthèse,
Vous donnera tout lieu d'enrager à votre aise,
Me met au désespoir par ses fréquents écarts,
Et de plus, nous amène ici de toutes parts
Un tas d'originaux, d'ennuyeuses commères
Qui me font avaler cent pillules amères,
Lorsque, pour mon malheur, je vais imprudemment,
Pour lui rendre visite, à son appartement.
Dès que j'entre, on se tait ; on se parle à l'oreille,
On sourit : par degrés le caquet se réveille,
Toutes parlent ensemble. Et ce que je comprends
Par leur discours confus, leurs gestes différents ;
C'est que ma belle-sœur, fine et dissimulée,
A mis dans mon secret la discrète assemblée,
Et que je dois compter que, dans fort peu de jours,
J'aurai pour confidents la ville et les faubourgs.

DAMON.

Je suis au désespoir d'une telle imprudence ;
Et je vais de ce pas quereller d'importance
Madame votre femme et votre belle-sœur.

ARISTE.

Non ; je crois qu'il vaut mieux leur parler en douceur.
Mais avertissez bien ma prudente compagne
Qu'elle me forcera de finir à la campagne,
Et de m'y confiner pour n'en sortir jamais,
Si le secret n'est pas mieux gardé désormais.

DAMON (*avec un souris malin*).

Soit. Mais vous, employez votre art, votre science
A vous mettre en état de prendre patience.

ARISTE (*sur le même ton*).

Et vous, pour m'imiter, et par précaution
D'avance faites-en bonne provision :
Vous en aurez, ma foi, plus besoin que moi-même ;
Je connois Célianle, et je crains...

DAMON.

Moi je l'aime :
Ses défauts n'auraient rien qui me pût effrayer,
S'il ne s'agissait plus que de nous marier....

ARISTE (*seul*).

Je brûle de le voir par l'hymen engagé :
Plus il enragera, mieux je serai vengé.
(*Il retourne à sa table, et se remet à lire.*

XXIV.

Les succès que j'avais prévu que cette pièce
obtiendrait ont répondu à l'attente que j'en
avais fait concevoir à l'auteur, et ont décon-
certé les mesures qu'avait prises contre lui une
cabale ennemie que les beautés réelles de cet

excellent ouvrage ont réduite au silence. Imitez la conduite qu'a tenue celle de vos compagnes que vous avez entendu louer, et pratiquez les vertus dont elle vous a constamment donné l'exemple. Vous avez dû être aussi contente que je l'ai été moi-même du chant de cette jeune personne que vous avez entendue chanter, et qui a obtenu les applaudissements de l'assemblée nombreuse qui se trouvait réunie pour cette fête que tout le monde a trouvée aussi agréable que brillante. Les dieux qu'ont adorés les païens, leur avaient donné l'exemple de touts les crimes; et la sotte crédulité des nations les avait tellement multipliés qu'il n'était plus possible d'en calculer le nombre. Aussi *Atlas* se plaignait-il de ne pouvoir plus soutenir le ciel sur ses épaules, à cause de la multitude infinie de dieux qu'on y avait placés. Cette femme est née bienfaisante; elle s'est concilié l'affection et la reconnaissance de touts les malheureux, qu'elle a toujours secourus avec la plus tendre sollicitude. Un jour on dira d'elle, qu'elle a employé au soulagement de l'humanité souffrante touts les jours qu'elle a vécu sur la terre. Nous nous sommes aperçus qu'on nous avait volés. Nous avons reconnu bientôt que c'étaient les domestiques de l'auberge qui s'étaient rendus coupables de ce vol.

Nous nous en sommes plaints au maître de la maison, qui les a fait venir touts devant nous. Nous les avons accusés, nous les avons interrogés, nous les avons contraints d'avouer leur crime, et ils nous ont rendu les bijous qu'ils nous avaient dérobés.

XXV.

Les chagrins et les peines que m'a causés la conduite de mon fils sont devenus la source de cette mélancolie habituelle qui mine lentement ma vie. Que de pleurs n'ai-je pas versés dans le silence de ces longues nuits que j'ai passées sans fermer la paupière ? Mes yeux en ont tant répandu que j'ai failli à en perdre la vue. En rappelant à ces jeunes gens les exemples que leur ont laissés leurs ancêtres, les vertus qu'ils avaient eux-mêmes commencé de pratiquer, les louanges qu'ils s'étaient attirées de la part de leurs maîtres, on les aurait engagés à ne point s'écarter de la bonne voie dans laquelle ils étaient entrés. En agissant à leur égard avec trop de sévérité, on les a rebutés complètement ; ils se sont dégoûtés du travail, ils se sont livrés à la dissipation, ont refusé d'écouter toutes les représentations qui leur étaient adressées, et semblent s'être plus à faire tout le contraire de ce qu'on attendait d'eux. Il ne suffit point de connaître la théorie d'un art, il faut encore savoir faire l'application des principes qu'on a étudiés, des règles qu'on a apprises. Combien de gens se sont livrés pendant plusieurs années à l'étude de la géométrie, et ne seraient point en état d'arpenter deux hectares dans les champs! Quand on songe aux difficultés sans nombre que notre jeune parente a eues à vaincre, au courage et à la patience qu'elle a montrés, aux disgrâces qu'elle a bravées, aux dangers dont elle s'est garantie, on ne peut s'empêcher de lui rendre la justice qui lui est due, et ses ennemis mêmes sont forcés de convenir que c'est une des filles les plus vertueuses qu'ils aient jamais connues.

XXVI.

Les succès qu'a obtenus cette bagatelle ne m'ont point aveuglé sur ses défauts. J'ai senti que je les devais moins au mérite de l'ouvrage qu'à l'indulgence du public, et j'ai revu mon livre avec tout le soin dont je suis capable. Cette édition diffère presque entièrement de la première : cinq cents vers supprimés, et douze cents ajoutés, en font, pour ainsi dire, un ouvrage nouveau; des vers faibles ou de mauvais goût ont disparu. Le poëte Delille, qui m'honorait de son amitié, m'avait engagé à multiplier les épisodes dans mon ouvrage ; il pensait que quelques historiettes placées à propos devaient délasser le lecteur fatigué des détails quelquefois arides de la science. Quels que soient cependant les changements que j'aie faits à mon livre, on ne doit point s'attendre à y trouver des idées approfondies de la science : je n'ai, pour ainsi dire, qu'effleuré mon sujet ; mon dessein étant plutôt d'inspirer le goût de la physique que d'en dévoiler les mystères les plus secrets. Voltaire a dit, en parlant de ses Éléments de Newton : *Je fais comme les petits ruisseaux ; ils sont transparents, parce qu'ils sont peu profonds.* Et moi, qui sens toute ma faiblesse, je me regarderai comme très heureux, si le lecteur fait à mon ouvrage l'application de cette pensée.

Cette Sophie, qui avait toujours dédaigné les idées nouvelles, était devenue tout à coup l'admiratrice de Lavoisier. Séduite par les expériences de cet homme surprenant, elle résolut d'étudier la physique. La chose étant décidée, il fallut songer à rendre amusantes des expériences et des découvertes souvent abstraites. Les difficultés ne me rebutèrent point. Je fis un grand nombre d'essais ; je me nourris de la lecture des bons auteurs. Peu à peu le chaos se débrouilla, mon plan s'agrandit, et je commençai à écrire. Telle est l'origine de ce livre; et, si une chose peut me faire pardonner ma témérité, c'est que je n'ai eu d'autre but, dans mon travail, que de donner le goût de la science, et d'offrir une esquisse des découvertes principales de la physique et de la chimie. La sécheresse des sujets que j'ai eus à traiter était souvent désespérante. Pour y jeter un peu de variété et d'agrément, et pour sortir des routes déjà tracées, je résolus d'entremêler ces essais de quelques morceaux de poésie. Instruire en amusant, telle est la fin que je me suis proposée.

XXVII.

Essayons d'esquisser les phénomènes de l'univers. O magnificence! Comment contempler à la fois tant de merveilles! Les détails échappent aux calculs, et l'ensemble au génie : le cœur ne peut suffire à tant d'amour, la reconnaissance à cette multitude de bienfaits; et l'imagination même reste épouvantée devant la grandeur de la création.

Qui peindra la verdure et les fleurs? qui peindra l'océan, les fleuves, les ruisseaux, les fontaines? qui dévoilera leurs secrets? Voyez se jouer dans les airs, dans les eaux, et sur

la terre, cette multitude variée d'animaux, depuis l'aigle jusqu'au moucheron, depuis l'éléphant jusqu'à l'insecte imperceptible ; interrogez les échos ; voyez l'éclair, la foudre, les orages, l'arc-en-ciel : comment ne pas desirer de connaître les causes de ces merveilles ? On les cherche, on les étudie, on en saisit quelques-unes ; mais toujours la première reste invisible, et la pensée de Dieu seule peut l'expliquer.

Et tout à coup, cédant au desir de mon cœur,
Je voulus adorer Dieu, l'auteur de mon être,
Et je dis à la terre : Es-tu le créateur
    Que mon amour cherche à connaître ?
Et la terre me dit : Je ne suis point ton Dieu.
Et je dis à la mer, à l'air, au vent, au feu :
Êtes-vous l'Éternel que l'univers adore ?
Et touts m'ont répondu : Nous ne le sommes pas.
Vers l'orient alors ayant tourné mes pas,
    Je demandai l'Éternel à l'aurore.
L'astre de l'univers s'avance radieux ;
D'un seul de ses rayons il embrase, il éclaire
Toute l'immensité de sa noble carrière ;
Et je fus ébloui du spectacle des cieux.
Et le soleil me dit : O mortel téméraire,
Tu voudrais contempler Dieu dans sa majesté !
Lève les yeux, soutiens l'éclat de ma lumière :
Je suis obscur devant le maître du tonnerre ;
Je puis servir de voile à la divinité.
Homme ! vois ton néant et garde le silence.
La mort dissipera bientôt ton ignorance ;

Mais laisse en attendant couler tes jours en paix ;
Et reconnais le Dieu qui t'apprend sa puissance,
En répandant sur toi d'innombrables bienfaits.

Eh bien ! Si je ne puis contempler le créateur, j'essaierai de le connaître par ses œuvres. Je m'élèverai à la cime des monts pour y étudier la source des fleuves ; je verrai les orages se former, et la foudre grondera sous mes pieds ; entr'ouvrant le sein de la terre, je vous montrerai les cristaux, l'or, le diamant, cachés sous la verdure, comme pour laisser la place aux véritables richesses ; je demanderai aux abymes la cause de ces feux qui donnent des spectacles si effrayants et si magnifiques ; et, remontant enfin à la surface du globe, j'essaierai de deviner comment, du sein de la poussière aride, on voit éclore les bois, les fleurs, les moissons.

XXVIII.

Tandis que Newton décompose la lumière, et dirige le cours des astres, Buffon expose les merveilles de la création, et fait, pour ainsi dire, passer l'univers sous nos yeux.

Ce superbe coursier, qui du pied bat l'arène,
Qui, prêt à s'élancer, mord le frein qui l'enchaîne,
Hennit, et, balançant ses longs crins ondoyants,
Vole et prend son essor, aussi prompt que les vents ;

Cet animal utile, et pourtant qu'on méprise,
Dont le nom, mais à tous, exprime la sottise,
L'âne, qui, chaque jour apporte sur son dos,
Dans le sein des cités, les tributs des hameaux,
Et qui, du laboureur secondant l'industrie,
Défriche ce terrain sans culture et sans vie ;
De quels traits par Buffon ils sont peints touts les deux
C'est le coursier lui-même : impatient, fougueux,
Au bruit de la trompette, au cliquetis des armes,
Il emporte son maître au milieu des alarmes,
Sans crainte entend l'airain tonner de toutes parts,
Et foule sous ses pieds les cadavres épars.
Voilà bien l'âne aussi : patient et docile,
Moins beau que le cheval, mais non pas moins utile,
On ne l'attelle point à nos chars opulents ;
Mais humble, il vit et meurt dans la maison des champs.
Quand du roi des forêts, Buffon m'offre l'image,
Je crois voir le lion avide de carnage,
S'élançant tout à coup au milieu d'un troupeau,
Combattre, terrasser, déchirer un taureau ;
Et, les crins hérissés et la gueule sanglante,
Il rugit, et par-tout il répand l'épouvante.
Mais sa fureur se calme : avec quelle fierté
Il s'avance ! son port est plein de majesté.
En lui les animaux ont reconnu leur maître ;
Touts ont frémi de crainte en le voyant paroître.
Ainsi, de la nature habile observateur,
Buffon peint dignement l'œuvre du Créateur ;
Il dit le cerf léger, roi du bois solitaire,
Le chevreuil innocent, le tigre sanguinaire ;
Il surprend du castor les secrets merveilleux ;
Pour peindre l'aigle altier, il le suit dans les cieux ;
Et quand du colibri, bijou de la nature,
Il veut montrer l'éclat et la riche parure,
Soudain l'oiseau, couvert des plus vives couleurs,
S'offre à nos yeux charmés, volant de fleurs en fleurs

Ainsi l'éloquence de Buffon sait reproduire les traits de touts les animaux. C'est peu de les avoir peints, il veut encore assister à leur création et à celle de l'univers.

XXIX.

SCÈNE IV DU Ier ACTE DU *PHILOSOPHE MARIÉ*.

(Ariste est dans son cabinet, et Finette l'observe quelque temps avant que de parler.)

FINETTE.

(*A part.*)   (*Haut.*)
Toujours lire! Monsieur, madame votre femme....

ARISTE.

Crie encore plus haut.

FINETTE (*élevant la voix*).

Très volontiers... Madame
Votre....

ARISTE.

J'ai défendu cent fois, depuis deux ans,
Que jamais ce mot-là fût prononcé céans :
Ne t'en souvient-il pas ?

FINETTE.

Oui : mais quand je l'oublie,
Quel tort vous fait cela, monsieur, je vous supplie ?

ARISTE.

Premièrement, celui de me désobéir.

FINETTE.

Passe.

ARISTE.

Secondement.....

FINETTE.

J'enrage. A vous ouïr ,
On s'imaginerait que c'est faire un grand crime
De donner à madame un titre légitime.

ARISTE.

Finette !

FINETTE.

Quoi, Monsieur ?

ARISTE.

Il faudrait m'écouter,
Quand je parle.

FINETTE.

Ah ! Vraiment, qui voudrait s'arrêter
A touts vos beaux discours, et les suivre à la lettre ,
Ne cesserait jamais.....

ARISTE.

Voulez-vous bien permettre
Que je dise deux mots?

FINETTE.

Quatre, si vous voulez.

ARISTE.

Vous savez qu'un secret......

FINETTE.

Deux ans sont écoulés
Depuis que nous menons une vie équivoque :
Je n'y puis plus tenir ; le secret me suffoque.

ARISTE.

Ma patience, enfin, pourrait bien se lasser.

FINETTE.

C'est conscience à vous que de vouloir forcer,
Pendant deux ans entiers, des femmes à se taire.

C

Pour moi, j'aimerais mieux vivre en un monastère,
Jeûner, prier, veiller, et parler tout mon soûl :

ARISTE *(se levant).*

Parlez, morbleu ! parlez; je ne suis pas si fou
Que de vouloir tenir vos langues inutiles :
Sur un point, seulement, qu'elles soient immobiles;
Ce n'est que sur ce point que je l'ai prétendu.

FINETTE.

Oui : mais ce point, monsieur, c'est le fruit défendu;
Et voilà justement ce qui nous affriande.
Parmi vingt bons ragoûts, la plus grossière viande
Que l'on me défendrait constamment de goûter
Serait le seul morceau qui pourrait me tenter.
Jugez, après cela, si je n'ai pas la rage
De parler librement sur votre mariage.

ARISTE.

Quels travers ! quel esprit de contradiction !
Quel fonds d'intempérance et d'indiscrétion !
Voilà les femmes.

FINETTE.

Soit.... Mais, telles que nous sommes,
Avec touts nos défauts nous gouvernons les hommes,
Même les plus huppés ; et nous sommes l'écueil
Où viennent échouer la sagesse et l'orgueil.
Vous ne nous opposez que d'impuissantes armes :
Vous avez la raison, et nous avons les charmes.
Le brusque philosophe, en ses sombres humeurs,
Vainement contre nous élève ses clameurs;
Ni son air renfrogné, ni ses cris, ni ses rides,
Ne peuvent le sauver de nos yeux homicides.
Comptant sur sa science et ses réflexions,
Il se croit à l'abri de nos séductions :
Une belle paraît, lui sourit et l'agace ;
Crac.... au premier assaut elle emporte la place.

Aliste *(à part)*.

Voilà précisément mon histoire *en trois mots.*

XXX.

Les livres que j'ai achetés m'ont coûté quatre-vingts francs. Ceux que j'avais achetés le mois dernier m'avaient coûté quatre-vingt-six francs. Que de peines a coûtées à ma sœur cette malheureuse affaire qu'elle s'est obstinée à entreprendre, qu'elle a entreprise malgré touts les avis que je lui avais donnés à ce sujet! Combien de fois ne s'est-elle point repentie, ou du moins combien de fois n'a-t-elle pas dû se repentir de n'avoir point suivi mes conseils? Les démarches que vous m'avez pressé de faire pour obtenir la place que je m'étais proposé de céder ensuite à mon fils, n'ont point eu les succès que j'en avais espérés. Les personnes qui m'avaient promis d'appuyer ma demande se sont laissé décourager par les premières difficultés qu'elles ont rencontrées. La méthode que nous avons suivie n'est pas aussi bonne que je l'avais cru. J'ai toujours saisi avec empressement le peu d'occasions que j'ai trouvées de vous obliger. Le peu de reconnaissance que vous m'en avez marqué ne m'a point empêché de vous rendre encore dernièrement touts les services que j'ai pu. Je vous invite à profiter du peu de considération que j'ai obtenue auprès des nouveaux ministres, pour solliciter encore par ma médiation la place que vous avez desiré depuis long-temps d'obtenir. Les mauvaises herbes qu'on a laissées croître dans ce champ ont beaucoup nui aux légumes qu'on y avoit semés. Quelle que soit votre conduite à mon égard, quelques sujets de mécontentement que vous m'ayez donnés, quelque nombreuses qu'aient été vos fautes, je me suis toujours montré fort indulgent envers vous. Vos discours, tout séduisants qu'ils sont; vos promesses, toutes belles, tout avantageuses qu'elles paraissent, ne sauraient me tenter. Votre fille, tout aimable qu'elle est, n'aura pas plus de crédit auprès de moi. Les soins que j'ai su que mon frère s'était donnés pour me faire gagner mon procès m'ont réconcilié avec lui. Nous nous étions brouillés, il y a plus de trois ans. Nous nous sommes donc raccommodés, et nous nous sommes engagés à éviter désormais tout sujet de brouillerie entre nous. Nous ne violerons jamais la foi que nous nous sommes donnée à cet égard. On se souvient froidement des plaisirs qu'on a goûtés; on se rappelle avec plaisir les bonnes actions qu'on a faites. J'ai cherché dans la religion les consolations qui m'étaient nécessaires; et mes peines se sont adoucies.

XXXI.

J'ai rencontré vos cousines , et je les ai saluées. Votre tante les a ramenées à la ville long-temps avant l'époque qu'elle avait fixée pour son retour. Une affaire imprévue l'a forcée à revenir à Paris. Vos jeunes parentes ne s'étaient accoutumées qu'avec peine au séjour de la campagne. Les premiers mois qu'elles y ont passés leur ont paru bien longs. Mais elles s'étaient enfin résignées à vivre dans cette triste solitude qui leur avait d'abord tant déplu.

Depuis qu'elles étaient sorties de pension , elles avaient abandonné l'étude et même la lecture. Elles ne s'étaient plus occupées ni du dessin ni de la musique. Mais, dans leur retraite, elles se sont décidées à reprendre leurs études. Elles ont d'abord réglé l'emploi de leurs journées , et se sont fait une loi de ne point s'écarter du plan qu'elles s'étaient tracé. Elles se sont assujetties à se lever touts les jours à six heures. Elles se sont proposé d'étudier , depuis leur lever jusqu'au déjeûner, la géographie et l'histoire, qu'elles avaient négligé d'apprendre dans le pensionnat où elles ont été élevées. Elles déjeûnaient à neuf heures, et s'exerçaient ensuite sur leurs instruments jusqu'à onze heures et demie. Elles jouaient ou se promenaient jusqu'à une heure. Elles lisaient alors ensemble le Cours de Littérature de *La Harpe*, et d'autres bons livres, dont elles s'étaient accoutumées à faire des extraits. A trois heures, elles s'occupaient de leurs ouvrages à l'aiguille jusqu'au dîner; après le dîner, elles se récréaient pendant deux heures; puis, elles reprenaient leurs ouvrages à l'aiguille jusqu'à l'heure de la prière, qu'elles ont toujours faite en commun. Telle est la règle qu'elles s'étaient imposée, et qu'elles ont constamment observée. Je les ai priées de me communiquer les extraits qu'elles ont faits, et elles s'y sont prêtées de bonne grâce.

XXXII.

Cette femme a toujours employé au soulagement des pauvres les richesses que la providence lui avait départies; elle s'en est servie particulièrement pour secourir les vieillards que les infirmités attachées à leur âge avaient réduits à l'état d'indigence, et pour faire élever de malheureux enfants que la mort avait privés de leurs parents. — Ces deux écrivains se sont constamment élevés contre le mauvais goût qu'on a justement reproché à leur siècle, et ils se sont fait des ennemis de tous ceux qui s'étaient imaginé que l'esprit consiste dans les pointes et dans les jeux de mots. On les a accusés d'une jalousie dont ils se sont toujours montrés incapables. — Les éloges qu'on vous a prodigués, vous ne les avez mérités ni par votre application ni par votre docilité. Votre mère s'est aperçue elle-même que toutes ces louanges étoient dues à la flatterie et à la complaisance. Les fautes nombreuses que vous avez commises auraient dû arrêter ce torrent d'adulations. — La querelle que j'ai vue s'engager entre ces deux rivaux est devenue vive et sérieuse. Ils se sont rencontrés dernièrement dans une promenade; ils se sont dit des injures, et se seraient battus, si on ne les avait empêchés d'en venir à cette extré mité. — Cette jeune personne s'est rendue odieuse par l'habitude qu'elle a contractée de contrefaire tout le monde. — Cette femme a été accusée d'avoir contrefait le seing du ministre, et s'est trouvée convaincue d'un crime de faux pour lequel elle a été justement punie. On appelle crime *de faux* le crime de celui qui altère une pièce, qui en produit sciemment une fausse, qui dépose faux. On appelle *faussaire* la personne qui s'est rendue coupable de ce crime.

XXXIII.

Je vous remercie des services que vous m'avez rendus : ce sont des faveurs que je n'oublierai jamais. — Les chaleurs qu'il a fait cette année n'ont duré que quelques jours. Il s'est fait de jolies parties dans les beaux jours qu'il y a eu sur la fin de septembre. Quels qu'aient été les maux que nous avons eus à souffrir, nous les avons soufferts patiemment. Quelques sommes que j'aie eues à payer, je les ai toujours payées aux termes échus. Adèle a obtenu toutes les grâces qu'elle a voulu ; toutes les faveurs qu'elle a desirées, elle se les est vu accorder aussitôt qu'elle les a eu demandées. Ma fille s'est laissé abattre par les chagrins auxquels elle s'est laissée aller. Elle s'est laissé dévorer par l'ennui, et elle y a enfin succombé. Elle s'est fanée comme une rose qu'ont brûlée les vents du midi. Avant que de mourir, elle a révélé à sa mère la cause de ses peines. Elle nous a avoué touts ses torts, et nous les lui avons pardonnés. Quelles chimères ne s'était-elle pas imaginées ? Elle s'était imaginé qu'elle n'était point aimée de sa sœur Sophie. C'est la jalousie qu'elle avait conçue contre cette sœur, qui l'a fait périr. Elle nous a dit qu'elle s'était proposé plusieurs fois de nous ouvrir son cœur mais qu'elle n'avait jamais osé le faire. Si elle ne s'était pas tue si long-temps sur la cause de ses chagrins, que nous n'avons jamais connue, que nous n'avons même pu soupçonner, nous nous serions appliqués à dissiper cette jalousie, et nous aurions sauvé cette malheureuse enfant que la mort nous a ôtée dans le printemps de sa vie. — A peine furent-ils entrés dans le vaisseau, que, ne pouvant plus respirer, ils demeurèrent immobiles ; car ils avaient nagé trop long-temps et avec effort pour résister aux vagues. Peu à peu ils reprirent leurs forces. On leur donna d'autres habits, parce que les leurs étaient appesantis par l'eau qui les avait pénétrés, et qui coulait de toutes parts.

XXXIV.

Quelque brillantes que soient les couleurs que l'écrivain emploie, quelques beautés qu'il sème dans les détails, si sa plume marche sans guide, et jette à l'aventure des traits irréguliers et des figures discordantes, l'ensemble choquera, ou ne se fera pas assez sentir; et, en admirant l'esprit de l'auteur, on pourra soupçonner qu'il manque de génie. C'est faute de plan, c'est pour n'avoir pas assez réfléchi sur leur objet, que des hommes d'esprit se trouvent

embarrassés, et ne savent par où commencer à
écrire. Ils aperçoivent à la fin un grand nombre
d'idées ; et, comme ils ne les ont ni comparées
ni subordonnées, rien ne les détermine à pré-
férer les unes aux autres : ils demeurent donc
dans la perplexité. Mais, lorsqu'ils se seront fait
un plan, lorsqu'une fois ils auront rassemblé et
mis en ordre toutes les pensées essentielles à
leur sujet, ils s'apercevront aisément de l'instant auquel ils doivent prendre la plume ; ils
sentiront le point de maturité de la production de l'esprit ; ils seront pressés de la faire
éclore ; ils n'auront même que du plaisir à écrire :
les idées se succèderont aisément, et le style
sera naturel et facile ; la chaleur naîtra de ce
plaisir, se répandra par-tout, et donnera de la
vie à chaque expression : tout s'animera de plus
en plus ; le ton s'élèvera, les objets prendront
de la couleur ; et le sentiment, se joignant à
la lumière, l'augmentera, la portera plus loin,
la fera passer de ce que l'on dit à ce qu'on va
dire, et le style deviendra intéressant et lu-
mineux.

XXXV.

LE VIEILLARD ET LES TROIS JEUNES HOMMES.

Un octogénaire plantait.
Passe encore de bâtir ; mais planter à cet âge !

Disaient trois jouvenceaux, enfants du voisinage :
Assurément il radotait.

Qu'on cherche ailleurs des débuts plus simples,
plus nets, plus vifs, plus riches, d'un tour plus
piquant.

Car, au nom des dieux, je vous prie,
Quel fruit de ce labeur pouvez-vous recueillir ?
Autant qu'un patriarche il vous faudrait vieillir.

Au nom des dieux est affectueux ; *je vous
prie* est familier ; *labeur* est très poétique :
qu'on essaie de mettre *travail*. *Patriarche*,
familier encore.

A quoi bon charger votre vie
Des soins d'un avenir qui n'est pas fait pour vous ?

Il est difficile de dire mieux la même chose, et
en moins de mots ; *charger*, expression forte ;
charger votre vie, tour poétique.

Ne songez désormais qu'à vos fautes passées :
Quittez le long espoir et les vastes pensées :
Tout cela ne convient qu'à nous.

Le caractère du jeune homme est peint dans
ce discours ; le fonds en est désobligeant. *Songez
à vos fautes* tient de l'outrage. *Quittez le long
espoir et les vastes pensées.* Quel vers, qu'il
est riche, qu'il est harmonieux ! Quel champ
d'idées pour le lecteur ! *Long espoir* est un
latinisme qui fait beauté. *Tout cela ne convient
qu'à nous* ; c'est la confiance du chêne.

6

> Il ne convient pas à vous-mêmes,
> Repartit le vieillard. Tout établissement
> Vient tard et dure peu.

Cette maxime, très belle, très importante, est placée on ne peut mieux dans la bouche d'un vieillard d'une expérience consommée.

XXXVI.

> La main des Parques blêmes
> De vos jours et des miens se joue également.

Blémes fait image ; c'est la *pâle mort* d'Horace. Le poëte a imité le reste de la pensée de l'auteur latin, mais en la rajeunissant par un tour nouveau. Horace avait dit : *La pâle mort heurte également du pied à la porte des rois et à celle des bergers.* La Fontaine dit : *La parque blême se joue également de la vie des jeunes et des vieux.*

> Est-il aucun moment
> Qui vous puisse assurer d'un second seulement ?

C'est un raisonnement plein de philosophie. On voit avec quelle force il est rendu, et quel est l'effet du mot *seulement* placé au bout du vers.

> Mes arrière-neveux me devront cet ombrage :
> Hé bien ! défendez-vous au sage
> De se donner des soins pour le plaisir d'autrui ?
> Cela même est un fruit que je goûte aujourd'hui :
> J'en puis jouir demain, et quelques jours encore.

Il n'est rien de plus noble que ce sentiment,

Si nos pères n'avaient travaillé que pour eux,
de quoi jouirions-nous ?

> Je puis enfin compter l'aurore
> Plus d'une fois sur vos tombeaux.

Ce tour poétique donne un air gracieux à une
pensée triste par elle-même.

> Le vieillard eut raison : l'un des trois jouvenceaux
> Se noya dès le port, allant à l'Amérique ;
> L'autre, afin de monter aux grandes dignités,
> Dans les emplois de Mars servant la république,
> Par un coup imprévu vit ses jours emportés ;
> Le troisième tomba d'un arbre
> Que lui-même voulait enter :
> Et pleurés du vieillard, il grava sur leur marbre
> Ce que je viens de raconter. .

Le caractère du vieillard se soutient jusqu'au
bout. Il les pleura, quoiqu'ils lui eussent parlé
avec peu de respect. Mais il a tout pardonné à
la vivacité de leur âge : il gémit de les voir si tôt
moissonnés.

XXXVII.

Des filous ont volé à ma sœur tous les bijoux
qu'elle avait emportés en partant. Je ne saurais
vous dire les sommes exorbitantes que ces bijoux lui avaient coûté. Ils faisaient sa prin-
cipale richesse. Aussi la voilà complètement
ruinée. Elle avait entr'autres choses une très
jolie bague qu'elle nous a montrée avant que

de partir, et qui avait coûté quatre-vingts louis. Je l'avais priée d'en faire présent à sa filleule ; mais elle s'y est opiniâtrément refusée. Pourquoi vos lettres m'arrivent-elles toujours tout ouvertes, toutes décachetées ? Je cachette toujours les miennes avec tant de précaution. J'espère que dorénavant vous cachetterez les vôtres avec le même soin. Ma chère tante, je vous avais priée d'appuyer ma demande auprès de mon oncle. Mais je ne pensais point que vous l'appuieriez aux dépens de mes cousines. Je ne veux point que désormais vous appuyiez mes demandes au préjudice de vos enfants. Dans quelques semaines, l'église nous présentera des rameaux bénits ; et, si nous les recevons avec les dispositions convenables, nous serons bénis de celui au nom duquel les ministres sacrés nous les auront offerts. Cette femme est bien malheureuse, et le sera toujours tant qu'elle se livrera aux sentimens de jalousie qui l'ont agitée depuis trois ans. Quels que soient les torts de son mari, quelque justes que paraissent les plaintes qu'elle nous a faites de l'irrégularité de sa conduite, elle devrait penser que les pleurs qu'elle a versés jusqu'à ce jour ont été inutiles, et que les emportements auxquels elle s'est laissée aller sont plus propres à éloigner encore davantage son époux qu'à le ramener. Quelques défau s, qu'ait un homme auquel une femme se trouve unie, ce n'est que par la patience et la douceur qu'elle doit chercher à l'en corriger.

XXXVIII.

Ma sœur m'écrit que la mort de son amie a été beaucoup plus prompte qu'elle ne l'avait cru, qu'elle ne s'y était attendue. Je suis bien aise qu'elle se soit trouvée absente au moment de cette terrible catastrophe. Les légumes que votre cousine a fait venir de sa maison de campagne sont - ils aussi bons qu'elle nous l'a annoncé, et qu'elle s'est plue à nous le répéter tout l'été dernier ? Votre cheval est un des plus beaux que j'aie jamais vus. Julie, je vous avais priée de m'apporter un paquet de clous dorés, et de prendre les plus beaux et les plus longs que vous pourriez trouver, dussiez-vous les payer six sous la pièce ; et vous ne m'en avez apporté que de très vilains et beaucoup trop courts. La victoire complète que nous avons remportée amène enfin la paix que nous n'avons cessé de desirer depuis tant d'années. En matière d'ouvrages de prose et de vers, et sur-tout dans les pièces dramatiques, on dit qu'un auteur a bien amené un incident, une reconnaissance, etc., pour dire qu'il les a fait venir à propos, qu'il les a préparés avec art ;

et, en matière de contestation juridique, ou de dispute, on dit qu'une preuve est amenée de bien loin, pour dire qu'elle est recherchée, qu'elle n'est guère naturelle. On porte à plus de quatre-vingt mille francs les sommes que mon oncle a dépensées dans les divers voyages qu'il a faits. C'est une chose rare qu'un ami fidelle et généreux qui s'oublie lui-même pour ne s'occuper que des intérêts de son ami. Combien avez-vous trouvé d'écus dans chacun des deux sacs que vous avez reçus? Vous devez en avoir trouvé cent quatre-vingts dans le premier, et cent quatre-vingt-dix dans le second. J'ai vu quatre-vingts soldats qui ont battu six-vingts hussards. Je ne me rappelle plus aujourd'hui aucun de ces jolis contes que vous avez écoutés autrefois avec tant de plaisir, et que je me rappelais alors si facilément.

XXXIX.

Le peu de pistoles que j'ai gagnées ont été dissipées en peu de temps par le peu d'économie que ma femme a toujours apporté dans les dépenses de son ménage. Je laisserai cependant à mes enfants plus de biens que je n'en ai moi-même hérité de mes parents. Ma sœur s'est faite religieuse, et ne s'en est jamais repentie. J'ai gagné vingt mille francs en l'an mil huit cent dix ; mais je n'en ai gagné que douze mille en l'an mil huit cent treize. Mes enfants feront toujours mes plus chères délices. Je les ai fait peindre tenant un oiseau chacun sur son doigt. Mes filles se sont proposé d'aller vous voir demain matin ou demain au soir. Quelque beaux que soient les endroits ou tu es, tu t'y déplais. Quelques endroits que tu aies vus, j'en ai vu davantage. En quelque vilains endroits que se soit trouvée ma sœur, elle s'y est toujours plue.

> Quels que soient mes destins, libre ou chargé de fers,
> Je prétends te haïr, même au fond des enfers.

Ma femme était partie tout éplorée, elle est revenue toute rayonnante.

> C'est Vénus tout entière à sa proie attachée.

Quels que soient nos ennemis, quelque nombreux qu'ils paraissent, quelques partisans qu'ils aient, quelque chauds que soient ces partisans, nous triompherons. Quand nous serons prêts à paraître, nous paraîtrons, quoi qu'on dise, quoi qu'on fasse. Cet homme a le cœur bon ; quant à la tête, elle est bien mauvaise. Une discussion s'est élevée entre ces deux professeurs, qui se sont disputé fort long-temps, et ne se sont pas entendus. Ils se sont déchirés à belles dents. Ils se sont dit des vérités bien dures. Ils se sont eux-mêmes couverts d'opprobre devant une nombreuse assemblée.

XL.

La ville de Tobolsk, capitale de la Sibérie, est située sur les rives de l'Irtish; au nord, elle est entourée d'immenses forêts qui s'étendent jusqu'à la mer Glaciale : dans cet espace de onze cents werstes, on rencontre des montagnes arides, rocailleuses et couvertes de neiges éternelles; des plaines incultes, dépouillées, où, dans les jours les plus chauds de l'année, la terre ne dégelle pas à un pied; de tristes et larges fleuves dont les eaux glacées n'ont jamais arrosé une prairie, ni vu épanouir une fleur. En avançant davantage vers le pôle, les cèdres, les sapins, touts les grands arbres disparaissent ; des broussailles de mélèzes rampants et de bouleaux nains deviennent le seul ornement de ces misérables contrées ; enfin, des marais chargés de mousse se montrent comme le dernier effort d'une nature expirante, après quoi toute trace de végétation disparaît. Néanmoins c'est là qu'au milieu des horreurs d'un éternel hiver la nature a encore des pompes magnifiques; c'est là que les aurores boréales sont fréquentes et majestueuses; et qu'embrassant l'horizon en forme d'arc très clair, d'où partent des colonnes de lumière mobile, elles donnent à ces régions hyperborées des spectacles dont les merveilles sont inconnues aux peuples du midi. Au sud de Tobolsk s'étend le cercle d'Ischim; des landes parsemées de tombeaux et entrecoupées de lacs amers le séparent des Kirguis, peuple nomade et idolâtre. A gauche, il est borné par l'Irtish, qui va se perdre, après de nombreux détours, sur les frontières de la Chine, et à droite par le Tobol. Les rives de ce fleuve sont nues et stériles ; elles ne présentent à l'œil que des fragments de rocs brisés, entassés les uns sur les autres, et surmontés de quelques sapins : à leur pied, dans un angle du Tobol, on trouve le village domanial de Saïmka; sa distance de Tobolsk est de plus de six cents werstes. Placé jusqu'à la dernière limite du cercle, au milieu d'un pays désert, tout ce qui l'entoure est sombre comme son soleil, et triste comme son climat.

XLI.

Cependant le cercle d'Ischim est surnommé l'Italie de la Sibérie, parce qu'il a quelques jours d'été, et que l'hiver n'y dure que huit mois; mais il est d'une rigueur extrême. Le vent du nord, qui souffle alors continuelle-ment, arrive chargé des glaces des déserts arctiques, et en apporte un froid si pénétrant et si vif, que, dès le mois de septembre, le Tobol charie des glaces. Une neige épaisse tombe sur la terre, et ne la quitte plus qu'à la fin de mai. Il est vrai qu'alors, quand le soleil commence à la fondre, c'est une chose merveilleuse que la promptitude avec laquelle les arbres se couvrent de feuilles et les champs de verdure : deux ou trois jours suffisent à la nature pour faire épanouir toutes ses fleurs. On croirait presque entendre le bruit de la végétation : les chatons des bouleaux exhalent une odeur de rose; le citise velu s'empare de touts les endroits humides; des troupes de cigognes, de canards tigrés, d'oies du nord, se jouent à la surface des lacs; la grue blanche s'enfonce dans les roseaux des marais soli-taires pour y faire son nid, qu'elle natte in-dustrieusement avec de petits joncs; et, dans les bois, l'écureuil volant, sautant d'un arbre à l'autre, et fendant l'air à l'aide de ses pattes et de sa queue chargée de laine, va ronger les bourgeons des pins et le tendre feuillage des bouleaux. Ainsi, pour les êtres animés qui peuplent ces froides contrées, il est encore d'heureux jours; mais, pour les exilés qui les habitent, il n'en est point.

La plupart de ces infortunés demeurent dans les villages qui bordent le fleuve depuis Tobolsk jusqu'aux limites du cercle d'Ischim ; d'autres sont relégués dans des cabanes au milieu des champs. Le gouvernement fournit à la nourriture de quelques-uns; ceux qu'il abandonne vivent de leurs chasses d'hiver : presque tous sont en ces lieux l'objet de la pitié publique, et n'y sont désignés que par le nom de malheureux.

XLII.

Les cavaliers que nous avons vus arriver hier sont repartis ce matin. Nous les avons vus traverser la place de la haute ville. Le bruit des trompettes nous a réveillés, et nous nous sommes levés promptement. Le bruit du galop des chevaux a frappé aussi nos oreilles, et nous avons reconnu les deux brigades qui étaient arrivées la veille. Touts les habitants de la ville s'étaient levés comme nous, s'étaient mis pareillement à leurs fenêtres, et paraissaient émerveillés de voir une si belle troupe. Deux des chevaux se sont jetés hors des rangs malgré les efforts des cavaliers qui voulaient les retenir. Ils se sont cabrés plusieurs fois, et nous avons craint qu'ils ne blessassent quelques-uns des spectateurs qui étaient dans les rues. Mais les cavaliers ont su les dompter, et les ont ramenés dans les rangs.

La flotte que nous avons vue mettre à la voile a suivi la côte septentrionale, et s'est tenue constamment sous la protection des forts. Les prames anglaises que nous avons vues la semaine passée ne se sont point offertes à nos regards depuis deux jours. Je croyais que la brume dont la mer était couverte hier matin nous empêchait seule de les voir. Mais cette brume s'est dissipée, et nous n'apercevons aucun vaisseau ennemi dans le détroit. Mon fils et moi nous nous sommes promenés hier sur le sable de la mer. La marée était basse. Tout le rivage était couvert d'une foule nombreuse d'hommes et de femmes. Nous avons vu lancer un corsaire à l'eau. Nous sommes rentrés le soir, fort contents de notre journée.

XLIII.

ÉLOGE DE LA VIE CHAMPÊTRE.

Est-il un état plus séduisant que d'être placé loin de la corruption des villes, au milieu de l'innocence pastorale et des retraites fleuries de la nature ? — Présentez ces objets à l'ambitieux agité par les orages des cours, il sera surpris de goûter une paix intérieure qu'il n'avait point connue ; et, par un retour sur lui-même, il enviera l'heureuse condition du pasteur. « O champs, s'écrie Ho« race devenu courtisan, quand vous ver« rai-je ! Quand me sera-t-il permis d'oublier, « tantôt dans le sommeil, tantôt dans l'étude « des anciens, et dans les heures oisives, « les soucis d'une vie inquiète » ! Comme ces idées si simples vous enchantent, après les récits fatigants qu'il a faits de la ville et de la cour ! Comme il est ramené par un charme séduisant à l'amour des campagnes ! C'est le vœu de tous les hommes : ils ont beau s'entourer de l'appareil des fêtes et de la pompe des spectacles, il n'en est aucun qui n'aime à revoir un beau jour de printemps et d'agrestes paysages : on quitte les jardins les plus fastueux, pour s'égayer dans une prairie sauvage, près d'un ruisseau qui murmure doucement sur des cailloux, et semble appeler la rêverie. C'est alors que l'homme se retrouve avec lui-même ; et il n'est plus importuné du luxe des grands et des monuments de l'orgueil : et est seul avec la nature, qui le console, et qui porte à ses sens le baume de la joie avec celui des fleurs.

XLIV.

La prame que nous avons vu prendre s'est défendue avec une rare intrépidité. La frégate ennemie qui s'en est emparée a fait une manœuvre habile, et l'a séparée des deux autres prames qui auraient pu la secourir. Une fusillade très vive s'est engagée entre la frégate et la prame. Comme la frégate était quatre fois plus forte que la prame, celle-ci a dû succomber. Mais elle ne s'est rendue qu'après avoir vu tomber son pilote, son commandant, et les deux tiers de l'équipage. Elle s'est vue alors réduite à amener, et les Anglais l'ont amarinée. Deux matelots se sont jetés à la mer, et ont mieux aimé s'exposer à périr dans les flots que d'être emmenés prisonniers en Angleterre. Leur courage les a sauvés : après avoir nagé pendant une demi-heure, ils ont rejoint une prame qui les a reçus, et leur a donné sur le champ tous les secours dont ils avaient besoin. Touts nos bâtiments se sont battus avec un égal courage contre les vaisseaux ennemis. Ils les avaient même fait fuir la veille. Mais les Anglais étaient revenus pendant la nuit avec des forces supérieures. Nous avons été témoins de ce combat, et nous ne craignons pas de dire que c'est un des plus vifs que l'on ait vus se livrer dans le détroit. Les nombreux spectateurs, placés sur le haut des dunes, ou sur les remparts de la ville, ont cru d'abord que la frégate anglaise s'était laissé prendre; et touts les cœurs étaient pénétrés d'une grande joie. Mais cette joie s'est changée en une douleur profonde, lorsque nous avons reconnu que c'était notre prame qui venait d'être amarinée.

XLV.

Ma cousine, que j'avais priée de m'acheter une douzaine et demie de pêches, ne m'en a acheté qu'une demi-douzaine. Je l'ai priée de réparer sa faute le lendemain, et elle m'en a acheté deux douzaines et demie; mais elle les a payées trop cher. Ma sœur a desiré qu'on lui achetât un panier de six-vingts abricots pour en faire de la marmelade. Elle en a trouvé plus de quatre-vingts qui étaient trop mûrs. Nous allâmes voir, la semaine dernière, l'hospice des Quinze-Vingts. Vous savez que cette maison a été fondée par saint Louis pour servir de retraite à trois cents gentilshommes qui étaient revenus aveugles de l'expédition de la Terre-Sainte,

(74)

J'ai reçu les deux cent vingt bouteilles de
vin de Bordeaux que vous m'avez envoyées.
Je vous les paierai à mon retour, ainsi que les
quatre - vingts bouteilles de genièvre que vous
avez bien voulu me céder. Quelles qu'aient
été nos fatigues, nous les avons supportées
avec patience ; quelques dangers que nous
ayons courus, nous les avons bravés ; quelque dures, quelque nombreuses privations
qu'il ait fallu nous imposer, nous nous y
sommes assujettis ; quelque longues qu'aient
été nos souffrances, notre courage ne nous
a jamais abandonnés. Connaissez-vous touts
les hommes célèbres que le département de
l'Aisne a vus naître? Le grand Racine, l'ini-
mitable La Fontaine et plusieurs autres écrivains illustres sont nés dans ce département.
Parmi les grands hommes que la ville de Ge-
nève a produits, on distingue sur-tout Jean-
Jacques Rousseau.

XLVI.

Rien n'est plus admirable que l'industrie
que déploient les oiseaux dans la construction
de leurs nids. Lorsque le zéphyr ramène le printemps, un doux soleil fait renaître le feuillage,
des troupes d'oiseaux voyageurs reviennent dans
nos climats, et commencent à chanter leurs

amours. Un instinct secret les avertit de
la naissance de leurs petits.

> Touts les lieux sont peuplés de leurs troupes volages ;
> Les forêts, les gazons, les roseaux, les bocages,
> Leur servent à cacher mille berceaux charmants.
> Chantres harmonieux, architectes savants,
> On les voit travailler à leurs petits ménages ;
> Ils remplissent les airs des plus joyeux ramages,
> Et célèbrent l'amour pour charmer leurs travaux.
> L'un bâtit hardiment sa hutte sur les eaux ;
> Pour mieux la préserver des fureurs de l'orage,
> Il l'attache avec art aux plantes du rivage,
> Et son nid, retenu par ces flexibles nœuds,
> Balancé sur les flots, monte ou baisse avec eux.
> L'autre construit le sien comme une pyramide ;
> Et, pour nous dérober sa famille timide,
> D'un bec industrieux élève une cloison
> Qui partage en deux parts sa légère maison.
> Cependant le remiz, sur une onde tranquille,
> Vient suspendre son nid à la branche mobile,
> De la maternité goûte en paix les plaisirs,
> Et livre son hamac au souffle des zéphyrs ;
> Tandis que des serpents la troupe fugitive
> Rampe, glisse, se dresse, et siffle sur la rive,
> Et, l'œil étincelant, contemple avec fureur
> Le nid où cet oiseau, reposant sans frayeur,
> Voit ses petits, joyeux, sortir de leur coquille,
> Et chante tendrement son aimable famille.

À peine touts ces nids sont-ils achevés que
les femelles s'occupent à pondre. Ces petits êtres
si vifs, si légers, si inconstants, deviennent tout
à coup fidelles à leurs œufs. Les femelles ne
chantent pas, sûrement parce qu'étant destinées

à rester sur leurs couvées ; ce talent aurait pu devenir funeste à leurs petits, en attirant les chasseurs. Cependant le mâle se place quelquefois sur un arbre voisin, et charme les peines maternelles par les symphonies les plus douces. S'il faut en croire M. Dupont de Nemours, qui, comme vous le savez, comprend le langage des oiseaux, et à qui nous devons la traduction de l'hymne du rossignol, le mâle, pendant les couvées de la femelle, dit les plus jolies choses du monde.

XLVI.

Il se présente ici une observation importante. Remarquez que, dans cette scène et dans les autres morceaux que j'ai cités ou que je citerai comme les meilleurs, la diction n'est point au-dessous des sentiments et des idées ; qu'elle n'offre que très peu de fautes et des fautes très légères. C'est une nouvelle preuve de cette vérité que j'ai déjà établie ailleurs, et que tout sert à confirmer, qu'en général il existe un rapport naturel et presque infaillible entre la manière de penser et de sentir, et celle de s'exprimer ; que l'une dépend beaucoup de l'autre, et qu'il est rare que cette dépendance n'ait pas un effet sensible. J'ai observé, après Voltaire, que touts les endroits où

Corneille a le mieux pensé et le mieux senti sont aussi ceux où il a le mieux écrit. C'est donc à tort que l'on a voulu tant de fois faire du talent d'écrire une faculté distincte et séparée des autres, sur-tout dans les poëtes ; que l'on a voulu nous faire croire que, dans les mauvaises pièces de Corneille ou dans les mauvais endroits de ses meilleures pièces, il ne manque qu'une versification plus soignée. A l'examen, cette assertion se trouverait fausse, et ceux qui l'ont renouvelée à propos de Crébillon, ou se sont trompés de même, ou voulaient tromper. Ils ne songent pas que le style comprend les sentiments et les pensées, et que dans toutes les pièces faibles de Crébillon, comme dans celles où Corneille a été si inférieur à lui-même, les sentiments et les pensées ne valent pas mieux que les vers. Sans doute que la diction est plus ou moins élégante, plus ou moins poétique, plus ou moins travaillée dans tel ou tel écrivain ; mais elle a dans chacun d'eux un différent caractère, et ce caractère même est relatif à celui de leur talent. Mais généralement l'homme qui écrit mal a mal pensé ; et ce qu'on voudrait faire passer pour un simple défaut de goût dans le style est un défaut dans l'esprit, est un manque de justesse, de netteté, de vérité, de force, dans les idées et dans les sentiments. Pourquoi Racine est-il celui des modernes qui a le mieux fait des vers? est-ce seulement parce qu'ils sont très bien tournés? C'est parce que toutes les idées sont justes et les sentiments vrais.

XLVII.

Mesdemoiselles, je suis fâché de n'avoir point trouvé en vous les connaissances grammaticales que vous vous étiez flattées vous-mêmes de posséder dans un si haut degré. Vous avez dû reconnaître avec chagrin combien ces prétentions étaient mal fondées, combien vous vous étiez abusées dans vos pensées présomptueuses. Mais cette erreur, dont vous vous êtes aperçues, ne vous aura sans doute pas découragées. Au contraire, elle vous aura surement excitées à redoubler d'efforts pour vous rendre plus familières les règles de la grammaire que vous avez reconnu que vous ne possédiez encore qu'imparfaitement. Quelque difficiles que soient ces règles, quelques peines que vous ayez éprouvées pour en faire une juste application, vous ne devez pas désespérer de voir enfin vos travaux couronnés du succès le plus complet. Quels que soient les dégoûts que vous auront fait essuyer ces règles sèches et ennuyeuses, vous vous applaudirez un jour de ne vous être laissé rebuter ni par l'aridité des préceptes, ni par le peu de succès que vous aurez obtenus dans les commencements. Vous savez combien de peines ces règles ont coûtées aux demoiselles qui vous ont précédées dans la même carrière. Combien de fois ne les avez-vous pas vues tout affligées, toutes découragées de l'inutilité de leurs efforts! mais aussi combien d'éloges, combien d'applaudissements leur a valus leur persévérance dans le travail! Soyez sûres que vous obtiendrez les mêmes succès que vous avez vu qu'elles ont obtenus, si vous suivez leurs traces avec la même ardeur. Vous avez déjà vaincu plus de difficultés qu'elles n'en avaient surmonté à votre âge. La connaissance parfaite de notre langue est sans doute plus difficile à acquérir que vous ne l'aviez cru d'abord. Mais aussi quel mérite y aurait-il à la posséder, si vous l'aviez obtenue sans peine? *A vaincre sans péril, on triomphe sans gloire.* Vous m'objecterez peut-être que vous vous êtes déjà donné beaucoup de peines. Mais ces peines sont loin de pouvoir être comparées aux peines que s'étaient données les compagnes dont nous venons de parler. Aussi, pendant les derniers mois qu'elles ont passés dans cette maison, elles se sont plues à nous entretenir de la joie qu'elles ont enfin ressentie de ne s'être pas laissé décourager par les épines qu'elles ont rencontrées dans la carrière que vous avez vu qu'elles venaient de parcourir. Ces règles que vous aurez d'abord trouvées rebutantes, et que nous vous aurons forcées de répéter tant de fois, se graveront enfin dans votre esprit pour n'en plus sortir, et vous direz avec nous qu'*à force de forger on devient forgeron*.

XLVIII.

Le mensonge et la vérité que vous avez toujours confondus, que vous n'avez jamais su distinguer, sont bien opposés, bien aisés à reconnaître, et toujours surement discerné par l'homme qui a le sens droit. Vos sœurs sont entrées dans ma chambre à mon insçu, sans que votre mère en ait eu connaissance, sans que les domestiques les aient vues entrer ; et, à mon retour, j'ai trouvé tout bouleversé, tout sens dessus dessous. Vos cousines, quelque savantes qu'elles soient, ignorent encore bien des choses, qu'elles devraient se montrer plus empressées d'apprendre. Quelques prix qu'elles aient remportés dans leur pension, et quelles que soient les louanges que leur ont prodiguées des maîtresses trop complaisantes qu'elles avaient su gagner., qu'elles s'étaient attachées par des soins assidus et des flatteries intéressées, je n'ai point trouvé en elles les connaissances et les perfections que je leur ai entendu attribuer, que les hommes et les femmes se sont plus à leur accorder. Leur douceur et leur sensibilité, que j'ai entendu vanter si souvent, ne se sont encore manifestées ni envers les domestiques ni envers les pauvres. Si j'osais vous exprimer franchement ma pensée à leur égard, je vous dirais qu'elles ont l'air trompeur, et que je ne suis point la dupe de leur hypocrisie. Les deux musiciens étrangers que vous aviez invités à votre concert, et que la société a entendus chanter avec tant de plaisir, ont exécuté plusieurs beaux duos qui ont été vivement applaudis. Mais je suis surpris que personne n'ait applaudi la romance italienne que nous avons entendu chanter immédiatement après l'ouverture d'Iphigénie, et qui cependant m'a semblé très jolie. Vous savez, messieurs, que les cailloux et les épines que mes sœurs ont rencontrés en tombant, sur lesquels elles sont tombées, sur lesquels nous les avons vues tomber, sur lesquels nous vous avons vus les pousser, les ont mises dans un état épouvantable, qui les a empêchées de sortir pendant plusieurs jours. Elles se sont relevées tout écorchées, toutes dégouttantes de sang, les genous et les jambes tout emportées, la figure toute meurtrie, les bras tout disloqués.

XLIX.

On appelle disciples de Jésus–Christ ceux qui suivent la doctrine de Jésus–Christ ; et principalement les apôtres, et les autres que le Sauveur avait choisis pour prêcher l'évangile. — Les chevaux que vous avez attelés à notre voiture se sont empêtrés dans leurs traits. — Ma mère a été émue de compassion à la vue des pleurs que vous avez versés. — Ma bonne amie, tu as été trompée par les paroles emmiellées de cette femme pleine d'astuce, et tu le seras toujours toutes les fois que tu écouteras de pareilles gens. Si vous ne venez pas chez moi cette après-midi, j'irai vous voir demain au soir, ou bien après demain matin. Voulez-vous que je vous renvoie le parapluie et la capote que vous avez laissés chez moi, ou qui y ont été oubliés par votre femme de chambre ? — Tullus n'avait plus d'épouse ; il rassemblait toute sa tendresse sur son fils

Numa. Le ciel semblait vouloir récompenser les vertus du vieillard par les dons qu'il avait prodigués au jeune homme. Tullus, de concert avec son roi, a ordonné la fête de Cérès. Chaque année, avant que de commencer la moisson, touts les laboureurs, parés de leurs plus beaux habits, se rassemblent dans la ville de Cures. C'est de là qu'ils partent pour aller au temple. Les joueurs de flûte ouvrent la marche ; ensuite viennent de jeunes vierges, portant sur leurs têtes, dans des corbeilles ornées de fleurs, des offrandes pures pour la déesse. Les enfants des laboureurs marchent après elles, vêtus de robes blanches, couronnés de bluets, et conduisant le vorace animal qui se nourrit des fruits du chêne. Cette troupe nombreuse, fière de garder la victime, veut affecter une gravité toujours dérangée par leur joie bruyante. Leurs pères les suivent d'un pas tardif, en recommandant le silence, et pardonnant d'être mal obéis. Chacun d'eux porte dans ses mains une gerbe, prémices de sa moisson. Les princes, les guerriers, les magistrats, n'ont plus de rang dans ce grand jour, et cèdent le pas avec respect à ceux qui les ont nourris.

L.

Ces deux hommes se sont battus à coups de pied et à coups de poing. On a appelé la garde, qui est venue aussitôt, et les a emmenés pieds et poings liés. Vos deux cousines se sont perdues en vaines démarches pour obtenir les deux places qu'on avait promises à leurs maris. Quels hommes que les deux Caton! La France a eu ses Césars, ses Catons, ses Pompées. Ces messieurs vous avaient prêté leurs chevaux ; ils demandent qu'on les leur renvoie, renvoyez-les-leur. Touts ses honneurs, toutes ses richesses et toute sa vertu se sont évanouis. Ce sont eux qui, rampant toujours, se sont élevés si haut. Mes frères se sont vu enlever leurs biens par un jugement contraire à toutes les lois de la justice. Je les ai trouvés mourant de douleur. Ma sœur s'est laissé attendrir au récit de leur infortune. Je l'ai vue verser des larmes sur le sort de nos malheureux frères. C'est elle que vos tantes ont vue chez moi, lorsqu'elles y sont venues. Les deux portraits que vous m'avez commandés, sont faits depuis plusieurs jours. Lorsque je les ai eu finis, je vous les ai envoyés, et je suis bien surpris que vous ne les ayez point reçus. Je les ai fait porter au bureau des messageries par un homme de confiance. Voilà les femmes que tu as envoyées chercher tes liqueurs. Voilà les liqueurs que tu as envoyé chercher. Annette m'avait demandé des poires ; je lui en ai envoyé vingt qu'elle a trouvées fort bonnes. Nous nous sommes plus à vous contredire pendant toute la séance de la semaine dernière : mais nous nous en sommes repentis depuis.

LI.

Ces femmes que vous avez laissées passer n'auraient pas dû être admises dans notre assemblée. Pourquoi ne les avez-vous pas empêchées d'entrer ? Vous savez les chaleurs qu'il a fait au mois de septembre : c'est un des plus beaux mois qu'il y ait eu cette année. Ma tante est arrivée hier au soir ; quand je l'ai eu embrassée, elle m'a demandé de vos nouvelles. Elle regrette beaucoup les sommes que son voyage lui a coûté. Votre famille lui a rendu touts les services qu'elle a pu. Combien de grandes entreprises cet homme a conçues et exécutées pendant les quatre-vingts ans qu'il a vécu ? Votre mère, que j'ai vue, s'est plainte de votre inapplication. Je vous envoie ci-jointe une lettre qu'elle m'avait déjà écrite à ce sujet. Les enfants que vous avez fait tomber en passant se sont laissé apaiser par les fruits que nous leur avons offerts. Prends les deux grands et jolis chevaux que tu as vus dans l'écurie, et mène-les à l'abreuvoir que je t'ai montré ce matin. Tes crimes, quels qu'ils soient, te seront pardonnés, si tu invoques la clémence divine avec un cœur contrit et humilié. Quelque grands crimes que tu aies commis, ne désespère point d'en obtenir le pardon : car la miséricorde de Dieu est infinie. Quelque grands que soient tes crimes, la miséricorde de Dieu est encore plus grande.

Quelques crimes toujours précèdent les grands crimes.

LII.

On dit que quelques signes de révolte se sont manifestés. Connaissez-vous quelque nouvelle qui vaille la peine d'être racontée ? Trajan est un des plus grands princes qui aient régné. Ces jeunes demoiselles que vous avez laissées jouer trop long-temps n'ont pas rempli la tâche que je leur avais donnée à faire. La pièce nouvelle que la police a laissé jouer m'a paru aussi contraire aux mœurs qu'au bon goût. Ruth, que Booz avait encouragée à glaner dans son champ, fut ensuite reconnue par ce sage vieillard pour être de sa famille ; et, après qu'il l'eut reconnue pour sa parente, il lui offrit sa main. Les succès que j'ai su que vous avez obtenus dans la campagne que nous avons terminée avec tant de gloire, ont calmé les chagrins que m'avait causés votre départ. La tapisserie que vous aviez commandé qu'on vous fît n'est point achevée. Les maladies qu'il y a eu parmi nos ouvriers ont retardé l'exécution de ce bel ouvrage. J'ai vu les estampes que vous avez achetées ; je les ai trouvées très belles. Je suis surpris que vous ne vous les soyez pas procurées plus tôt. Votre amie m'a communiqué les difficultés qui prolongent son séjour à Paris. Je ne me les serais pas imaginées. Ses parents se sont donné touts les mouvements qu'ils ont pu pour les lever. Mais touts les efforts qu'ils ont faits ont été inutiles. L'alouette que vous m'avez donnée s'est laissée mourir de faim. Mes amis ne se sont point trouvés au rendez-vous qu'ils m'avaient donné. Je les ai attendus pendant une demi-heure, et ils ne sont point venus.

LIII.

Votre amie vient de faire beaucoup de dépenses : elle s'est fait peindre ; elle s'est acheté de belles robes, et beaucoup de bijoux. Elle s'est imaginé que cela la rendrait plus intéressante. Elle s'était laissé séduire par le mauvais exemple des dames de sa société ; mais elle a bientôt reconnu qu'elle s'était trompée ; et elle s'est repentie de toutes les dépenses qu'on l'avait excitée à faire. Les prunes que vous m'avez données, je les ai mangées et je les ai trouvées fort bonnes. Les belles perdrix rouges que j'avais trouvées, je les ai laissées envoler. C'est hier, je crois, qu'elles se sont envolées. Les tourterelles que j'avais élevées, je les ai laissées mourir de faim ; quant à celles que j'avais données à ma sœur, elle les a laissé tuer par son fils. La tasse qui m'avait été donnée pour étrennes, je l'ai laissée tomber. Elle a été cassée en mille morceaux. L'épingle que j'avais reçue de ma tante, je l'ai perdue. Je l'avais laissée dans ma chambre ; quelqu'un l'a emportée, sans que nous nous en soyons aperçus. J'ai reçu les lettres que vous m'aviez adressées au sujet de l'affaire que je vous avais proposée ; et j'ai reconnu, comme vous, que, si nous l'avions entreprise, nous y aurions rencontré des obstacles que je n'avais pas prévus d'abord. La jeune compagne à qui ma cousine a confié ses secrets, ne s'est point montrée discrète. Elle a complètement abusé de la confiance que ma cousine avait mise en elle. Ma cousine a été long-temps inquiète des suites qu'aurait cette indiscrétion. On a reçu la nouvelle de deux combats qui se sont livrés à la hauteur du Texel.

LIV.

CHARLEMAGNE.

Charlemagne avait montré que le génie d'un grand prince a plus de pouvoir pour réformer son siècle, que son siècle n'en a pour arrêter son génie. Son époque est la première et la plus imposante de l'histoire moderne. Seul il paraît avec éclat au milieu des ténèbres universelles qu'il dissipe un moment ; et son nom imprime encore quelque grandeur au berceau des monarchies modernes, qui ne sont que des débris de son empire.

Mais l'Europe, quand il disparut, retomba dans ce chaos de barbarie où il avait si rapidement jeté les plus grands traits de lumière. Rome, qu'il avait en quelque sorte fait sortir des ruines accumulées par les Goths, les Vandales, et les Lombards ; Rome, dont il retrouva les anciennes bornes, et qui reprit avec lui vingt sceptres qu'elle avait perdus ; Rome mourut presque tout entière avec ce nouveau César, et ne fut plus qu'un souvenir.

Le vaste empire que ce grand homme avait

élevé et soutenu près de cinquante ans écrasa sous son poids ses trop faibles successeurs. On ne voit après lui que des scènes d'opprobre et de désolation ; des neveux égorgés par leurs oncles ; des frères se combattant avec toute la férocité d'une ambition qui n'est jamais justifiée par le talent ; un père détrôné par ses propres fils ; des évêques, complices de ce forfait, condamnant un faible monarque qui, par l'excès de sa bassesse, a mérité qu'on ne plaignît point l'excès de son malheur.

A ces calamités intérieures se mêlent des calamités étrangères. Le Nord vomit encore des essaims de barbares qui fondent sur l'empire de Charlemagne, comme autrefois sur le premier empire romain. Ils en ravagent toutes les parties ; et les lâches descendants de Charlemagne, incapables de se défendre, achettent, avec leurs villes et leurs provinces, les services de leurs puissants favoris. Ces favoris eux-mêmes, agrandis aux dépens de leur maître, deviennent aussi redoutables à la France que les usurpateurs étrangers. Touts veulent être souverains, dès qu'un seul n'est plus digne de l'être.

(M. DE FONTANES.)

LV.

COMBAT DES THERMOPYLES.

Pendant la nuit, Léonidas avait été instruit du projet des Perses par des transfuges échappés du camp de Xerxès; et le lendemain matin il le fut de leurs succès par des sentinelles accourues du haut de la montagne. A cette terrible nouvelle, les chefs des Grecs s'assemblèrent. Comme les uns étaient d'avis de s'éloigner des Thermopyles, les autres d'y rester, Léonidas les conjura de se réserver pour des temps plus heureux, et déclara que, quant à lui et à ses compagnons, il ne leur était pas permis de quitter un poste que Sparte leur avait confié. Les Thespiens protestèrent qu'ils n'abandonneraient point les Spartiates; les quatre cents Thébains, soit de gré, soit de force, prirent le même parti; le reste de l'armée eut le temps de sortir du défilé.

Cependant ce prince se disposait à la plus hardie des entreprises. « Ce n'est point ici, dit-il à ses compagnons, que nous devons combattre; il faut marcher à la tente de Xerxès, l'immoler, ou périr au milieu de son camp ». Ses soldats ne répondirent que par un cri de joie. Il leur fait prendre un repas frugal, en ajoutant : « Nous en prendrons bientôt un autre chez Pluton ». Toutes ses paroles laissaient une impression profonde dans les esprits. Près d'attaquer l'ennemi, il est ému sur le sort de deux Spartiates qui lui étaient unis par le sang et par l'amitié : il donne au premier une lettre, au second une commission secrète pour les magistrats de Lacédémone. *Nous ne sommes pas ici*, disent-ils, *pour porter des ordres, mais pour combattre;* et, sans attendre sa réponse, ils vont se placer dans les rangs qu'on leur avait assignés.

Au milieu de la nuit, les Grecs, Léonidas à leur tête, sortent du défilé, avancent à pas redoublés dans la plaine, renversent les postes avancés, et pénètrent dans la tente de Xerxès, qui avait déjà pris la fuite; ils entrent dans les tentes voisines, se répandent dans le camp, et se rassasient de carnage. La terreur qu'ils inspirent se reproduit à chaque pas, à chaque instant, avec des circonstances plus effrayantes. Des bruits sourds, des cris affreux, annoncent que les troupes d'Hydarnès sont détruites, que toute l'armée le sera bientôt par les forcé réunies de la Grèce.

LVI.

Les plus courageux des Perses, ne pouvant entendre la voix de leurs généraux, ne sachant où porter leurs pas, où diriger leurs coups, se jetaient au hasard dans la mêlée, et périssaient par les mains les uns des autres, lorsque les premiers rayons du soleil offrirent à leurs yeux le petit nombre des vainqueurs. Ils se forment aussitôt et attaquent les Grecs de toutes parts. Léonidas tombe sous une grêle de traits. L'honneur d'enlever son corps engage un combat terrible entre ses compagnons et les troupes les plus aguerries de l'armée persane. Deux frères de Xerxès, quantité de Perses, plusieurs Spartiates y perdirent la vie. A la fin, les Grecs, quoique épuisés et affaiblis par leurs pertes, enlèvent leur général, repoussent quatre fois l'ennemi dans leur retraite, et, après avoir gagné le défilé, franchissent le retranchement, et vont se placer sur la petite colline qui est auprès d'Anthéla : ils s'y défendirent encore quelques moments, et contre les troupes qui les suivaient, et contre celles qu'Hydarnès avait amenées de l'autre côté du détroit.

Ombres généreuses, votre mémoire subsistera plus long-temps que l'empire des Perses, auquel vous avez résisté ; et, jusqu'à la fin des siècles , votre exemple produira dans les cœurs qui chérissent leur patrie le recueille-ment, ou l'enthousiasme de l'admiration.

Avant que l'action fût terminée, quelques Thébains, à ce qu'on prétend, se rendirent aux Perses. Les Thespiens partagèrent les exploits et la destinée des Spartiates ; et cependant la gloire des Spartiates a presque éclipsé celle des Thespiens. Parmi les causes qui ont influé sur l'opinion publique , on doit observer que la résolution de périr aux Thermopyles fut dans les premiers un projet conçu, arrêté et suivi avec autant de sang froid que de constance ; au lieu que dans les seconds ce ne fut qu'une saillie de bravoure et de vertu , excitée par l'exemple. Les Thespiens ne s'élevèrent au-dessus des autres hommes que parce que les Spartiates s'étaient élevés au-dessus d'eux-mêmes.

LVII.

Lacédémone s'enorgueillit de la perte de ses guerriers : tout ce qui la concerne inspire de l'intérêt. Pendant qu'ils étaient aux Thermo-pyles, un Trachinien, voulant leur donner une haute idée de l'armée de Xerxès, leur disait que le nombre de leurs traits suffirait pour obscurcir le soleil. *Tant mieux*, répondit le spartiate Diénécès, *nous combattrons à l'ombre.* Un autre, envoyé par Léonidas à Lacédémone, était retenu au bourg d'Alpénus par une fluxion sur les yeux. On vint lui dire que le détachement d'Hydarnès était descendu de la montagne, et pénétrait dans le défilé. Il prend aussitôt ses armes, ordonne à son esclave de le conduire à l'ennemi, l'attaque au hasard, et reçoit la mort qu'il en attendait.

Deux autres, également absents par ordre du général, furent soupçonnés, à leur retour, de n'avoir pas fait touts leurs efforts pour se trouver au combat. Ce doute les couvrit d'infamie : l'un s'arracha la vie ; l'autre n'eut d'autre ressource que de la perdre quelque temps après, à la bataille de Platée.

Le dévouement de Léonidas et de ses compagnons produisit plus d'effet que la victoire la plus brillante. Il apprit aux Grecs le secret de leur force, aux Perses celui de leur faiblesse. Xerxès, effrayé d'avoir une si grande quantité d'hommes et si peu de soldats, ne le fut pas moins d'apprendre que la Grèce renfermait dans son sein une multitude de défenseurs aussi intrépides que les Thespiens, et huit mille Spartiates semblables à ceux qui venaient de périr. D'un autre côté, l'étonnement dont ces derniers remplirent les Grecs se changea bientôt en un desir violent de les imiter. L'ambition de la gloire, l'amour de la patrie, toutes les vertus, furent portées au plus haut degré, et les ames à une élévation jusqu'alors inconnue. C'est-là le temps des grandes choses, et ce n'est pas celui qu'il faut choisir pour donner des fers à un peuple libre.

BARTHÉLEMY, *Voyage d'Anacharsis.*

LVIII.

J'ai touché trois mille francs en l'an mil huit cent sept, dans la ville de Lubeck, qui est à cinquante milles de celle que j'ai habitée depuis deux ans. Ma sœur, que j'ai vue peindre, emploie de bonnes couleurs. J'ai été dans le fond de mon département ; j'y ai fait des fonds pour me procurer un fonds de terre ; mais je ne fais pas fonds sur la parole qu'on m'a donnée. J'ai acheté le fonds de boutique de ce marchand qui est ruiné de fond en comble. Le fusil et l'épée que j'avais emportés ont beaucoup servi à ma défense contre les brigands qui nous ont attaqués au milieu de la forêt de Fontainebleau. Nous en avons tué plusieurs, et la gendarmerie, qui est survenue s'est emparée de quelques autres, qu'elle a conduits dans les prisons de Paris. Je pense toujours avec plaisir au sang froid et à l'intrépidité que mon fils a montrés dans ce péril éminent. Après le combat, la terre était toute baignée, toute trempée, tout abreuvée de sang. Quelle sera la douleur de ma tante en apprenant que ses deux fils ont péri! Quelques précautions que je prenne, de quelques ménagements que j'use pour lui annoncer cette affreuse nouvelle, je crains qu'elle ne puisse supporter un si grand malheur. Quelles que soient les suites de cette nouvelle, je ne puis différer davantage de la lui apprendre. Ce n'est qu'à regret qu'elle a laissé partir ses enfants. Il semblait qu'elle eût de secrets pressentiments du malheur qui lui est arrivé. Quelque grands que soient les chagrins qu'elle a éprouvés jusqu'à ce jour, ils ne peuvent être comparés à ceux dont elle va être accablée en ce moment.

LIX.

Deux routes s'offraient au grand Hercule. Celle de la volupté était semée de fleurs; celle de la vertu et de la gloire était rude, escarpée. Il laissa celle-là aux hommes énervés et lâches; et il préféra celle-ci. N'as-tu rien à me demander, dit Alexandre à Diogène, qui était dans son tonneau ?—J'ai à te demander, répondit le cynique, de t'ôter de devant mon soleil. J'ai été hier entendre l'orgue de l'église de Notre-Dame. J'ai toujours beaucoup de plaisir à entendre cet orgue, à entendre de pareilles orgues. Je connais parfaitement mademoiselle votre sœur, et je puis vous faire son portrait. Elle a le visage ovale, le teint blême, le menton pointu, la bouche petite, les lèvres bien façonnées et bien vermeilles, les dents bien arrangées et d'une grande blancheur, le nez aquilin, les yeux bleus et vifs, les sourcils épais, le front élevé, les cheveux châtain clair et longs. J'ajouterai qu'elle a la voix aiguë, la taille effilée, la démarche lente. Si je vous faisais l'histoire des erreurs de l'esprit humain, vous verriez comment elles se sont succédé, comment elles se sont amenées les unes les autres. Les cochers qui nous ont attendus s'étaient soûlés dans le cabaret où nous les avions laissés. Ces cochers soûls nous ont embourbés en revenant. Mes sœurs sont rentrées hier au soir toutes tristes, tout affligées, toutes désolées. J'ai trouvé votre cousine bien changée. Elle est tout autre qu'elle n'était avant son départ. Plusieurs personnes sont venues pour me voir pendant que j'étais sorti, et cependant, à mon retour, les gens de la maison m'ont assuré que personne n'était venu me demander.

LX.

Votre mère est une des plus aimables personnes que j'aie jamais connues. Comment avez-vous pu oublier la musique que je desirais tant que vous m'apportassiez ? Ma bonne amie, as-tu été hier à la campagne, comme tu te l'étais proposé ? Si tu y vas encore la semaine prochaine, viens me dire adieu avant que tu partes. Pour moi, je compte rester à Paris toute cette semaine-ci. J'ai rencontré hier ta sœur ; mais elle avait l'air très pressé. A peine a-t-elle pu me dire bonjour en courant. J'ai demandé à ma jeune parente si elle était contente de sa nouvelle pension. Elle s'est empressée de me répondre : je *le* suis beaucoup. Je lui ai demandé encore : êtes-vous la favorite de la première maîtresse ? Je *la* suis, m'a-t-elle répondu. Vous payez sans doute une pension considérable dans cette maison ? Je ne le sais pas, me dit-elle ; mais, quelle que soit cette pension, je fais touts mes efforts pour que l'argent de mes parents ne soit pas perdu : quand une jeune personne doit passer un certain temps dans une maison d'éducation, ne vaut-il pas mieux qu'elle s'y applique à acquérir des connaissances qui lui seront utiles pour toute sa vie que de perdre des années précieuses qu'on regrette toujours de n'avoir pas mieux employées ?

LXI.

Les orateurs et les poëtes se sont disputé l'honneur de transmettre à la postérité les faits glorieux de *Henri*-le-Grand. La reine n'a dû son salut qu'à la fermeté qu'elle a montrée. Quelles tendres émotions n'avons-nous pas éprouvées, en nous retrouvant dans les lieux qui nous ont vus naître ! J'ai lu la lettre que vous avez écrite à ma fille. Les fautes d'orthographe que j'y ai remarquées prouvent que vous l'avez écrite avec précipitation, et que vous ne l'avez point relue. Votre mère, tout instruite qu'elle était, relisait toujours ses lettres, quand elle les avait écrites. Je vous engage à suivre touts les bons exemples qu'elle vous a laissés. Ces juges, malgré les intrigues dont on les avait entourés, ne se sont point écartés du sentier de la justice. Ils ne se sont point laissé séduire par les promesses qu'on leur a faites ; ils ne se sont point laissé intimider par la crainte des maux dont on les a menacés. Nos troupes se sont emparées de la citadelle. La garnison que les Anglais y avaient mise en partant a été passée au fil de l'épée. Je vous ai donné les conseils que j'ai crus les plus propres à faire réussir l'entreprise que j'ai su que vous vouliez faire. Comment pourrai-je décrire cette suite de malheurs qu'une fausse démarche a accumulés sur ma tête? La question que je m'étais proposé de traiter m'a paru d'abord assez difficile; mais je l'ai dégagée de touts les incidents qui pouvaient en être élagués, et je me flatte de l'avoir résolue d'une manière satisfaisante. Vos frères, qu'on a plaints de s'être laissé tromper par deux intrigants qu'ils auraient dû fuir, ne sont pas à l'abri de tout reproche.

LXII.

Quels que soient les humains, quelque sots qu'ils puissent être, il faut vivre avec eux. Les *Horaces* et les *Virgiles* seraient moins rares, s'il y avait plus d'*Augustes* et de *Mécènes*. Un roi disait : Une couronne ne coûte pas cher, n'est jamais trop chère, quel qu'en soit le prix. Quelque bons que soient certains sujets, quelques traits intéressants qu'ils renferment, s'ils sont mal écrits, on les lit peu, ou même on ne les lit pas. Le peintre qui a fait ces deux portraits, les a faits très resantents. Touts ceux à qui nous les avons fait voir ont reconnu sur le champ les personnes que l'artiste a représentées. La réputation que lui ont value ces deux ouvrages, les premiers qu'il ait faits, contribuera beaucoup à lui assurer la fortune que nous lui avons fait espérer depuis long-temps. Les services que vous m'avez déjà rendus me font espérer que vous voudrez bien me rendre encore les deux nouveaux services que je vous ai demandés. Les tableaux que vous avez laissé emporter de chez moi ne m'appartenaient point. Ils m'avaient été confiés par un ami qui les avait déposés dans ma maison avant que de partir pour l'Amérique, et qui les a réclamés depuis son retour. Les lectures que vous avez faites pendant tout le cours de l'hiver dernier, ont beaucoup servi à accroître les connaissances que vous avaient déjà procurées les deux cours que vous avez suivis dans les années précédentes. Les succès que vous avez obtenus vous encourageront sans doute à suivre une méthode que vous avez déjà commencé à employer, et dont vous avez retiré de si grands avantages.

LXIII.

Les dames que vous avez vues arriver ce matin ont été retardées par un débordement de la Loire, qui les a empêchées de passer, et leur a fait prendre un fort long détour pour venir ici. Les tributs que le vainqueur a imposés aux peuples qu'il avait subjugués se sont accrus chaque année; et la condition des malheureux vaincus est devenue extrêmement déplorable. La carrière que vous avez parcourue était semée de nombreux écueils que vous avez su éviter. Combien d'autres ne les auraient pas évités avec cette sagacité que vous avez toujours montrée dans toutes les occasions difficiles! Les deux écrivains dont je vous ai parlé avaient pris une matière fort étendue; mais ils l'ont resserrée dans de justes bornes. Les alouettes que vous m'aviez données, je les ai laissées mourir de faim; j'en avais donné deux à ma sœur qui les a laissées envoler; j'en avais donné deux autres à ma tante qui les a laissé tuer par son fils. Trois pièces nouvelles ont été données le même jour à trois théâtres différents. Il n'y en a qu'une qui ait été applaudie, qui ait réussi. Les deux autres ont été sifflées, sont tombées. Les auteurs n'ont pas même été demandés : quelle mauvaise nuit ils ont sans doute passée! Vos voisines se sont plaintes amèrement de la conduite que vous avez tenue à leur égard. Tandis qu'elles essuyaient vos larmes, vous faisiez couler les leurs; vous leur avez fait toutes les peines que vous avez pu ; vous avez cherché à leur nuire de toutes les manières. Messieurs, vous vous êtes assez fatigués ; reposez-vous maintenant. Ces hommes se sont nui les uns aux autres ; ils se sont poursuivis avec un achaînement dont on a vu peu d'exemples. Cette forteresse qu'on avait crue inexpugnable a été prise en trois jours par les armées françaises.

LXIV.

La plupart des fleurs étant chargées de parer la demeure de l'homme, au moins pour un temps, elles se gardent bien de s'y montrer toutes de compagnie, ni dans les mêmes mois. Elles sont de service auprès de lui tour à tour ; elles conviennent entr'elles pour embellir les différentes saisons, et se succèdent sans laisser aucun vide. Rarement se plaint-on de leur absence quand elles sont de quartier.

Les fleurs, par cette succession, nous donnent une magnifique fête composée de décorations qui se suivent dans un ordre réglé. Les prime-vères, les perce-neiges, les violettes, les jacinthes, les oreilles d'ours, les narcisses, les anémones, nous donnent, pour ainsi dire, le premier acte.

Celles-là disparaissent, la plupart pour faire place aux couronnes impériales, aux narcisses à bouquets, au muguet, au lilas, aux iris, aux tulipes, aux jonquilles, aux renoncules, et à toutes les fleurs qui couronnent à présent ce parterre. Dans le lointain, les arbres fruitiers mélangent les couleurs les plus tendres avec la verdure naissante, et relèvent de toutes parts la garniture du parterre.

Vous voyez en même temps monter le feuillage des rosiers, des lis, des juliennes, des giroflées, des boutons-d'or, des pavots et des œillets. Leurs tiges et leurs boutons se fortifient par des accroissements insensibles. C'est là que se font les préparatifs des parures de l'été. L'automne ensuite étalera les pyramidales, les balsamines, les tubéreuses doubles, les reines-marguerites, les amaranthes, les œillets d'Inde, les colchiques, les tricolors, et cent autres espèces.

La fête continue sans interruption : celui qui y préside offre toujours du nouveau, et il prévient par d'agréables changements les dégoûts inséparables de l'uniformité. L'hiver, ramenant les frimas et les brouillards, baisse enfin son noir rideau sur la nature, et nous en dérobe le spectacle : mais, en nous faisant souhaiter le retour de la verdure et des fleurs, il procure quelque repos à la terre épuisée par tant de productions.

(*Spectacle de la Nature.*)

LXV.

Quels éloges n'ont pas obtenus les princes qui se sont déclarés les protecteurs des arts et des sciences ! Les poëtes se sont chargés de chanter leur gloire; les orateurs ont célébré leurs vertus et leurs exploits dans des discours qui ont passé d'âge en âge, et arriveront à la postérité la plus reculée. Les historiens ont consigné leurs hauts faits dans des annales destinées à en éterniser la mémoire. Les jours que vous avez passés dans l'inaction ou dans le plaisir sont des jours perdus, que vous avez sans doute regretté plus d'une fois de n'avoir pas mieux employés. C'est toujours avec un extrême chagrin que l'on reconnaît, mais trop tard, que les journées que l'on a perdues ne reviennent jamais. Combien ne comptez-vous pas d'heures que vous avez négligé de consacrer à votre instruction, et qui auraient servi à accroître vos connaissances?—Rappelez-vous les emblèmes que les anciens ont employés, les images dont ils se sont servis, pour représenter la marche du temps. La résolution que j'ai su que vous aviez formée de passer cette saison tout entière à la campagne, ne m'a causé aucune surprise. Vous m'aviez fait part, dans le temps, des plantations que vous avez résolu de faire à la fin de cet automne, et j'avois prévu d'avance la détermination que vous m'avez annoncé que vous aviez prise. Vos amis à qui je l'ai communiquée ont ressenti une vraie peine de se voir privés de vous pendant un si long espace de temps. On assure que, dans le dernier combat, il y a eu quatre-vingts soldats de tués, quatre-vingt-dix de blessés. Deux cents ont été arrêtés qui désertaient tout armés, tout équipés. Admirons ces prés émaillés de toutes sortes de fleurs ; respirons le doux parfum qui s'exhale de ces deux haies vives tout récemment plantées. C'est par le motif seul que sont ennoblies les actions, quelles qu'elles soient. Nous avons deviné sur le champ l'énigme que vous nous avez proposée. La soupe que nous avons mangée nous a rassasiés. Les bois que vous avez détruits m'avaient paru fort beaux. Les calomnies que j'ai eues à repousser ont été facilement détruites. Les dames que tu as vues danser se sont brouillées, quoiqu'elles se fussent juré une amitié éternelle. Elles ont violé la foi qu'elles s'étaient jurée.

6

LXVI.

La première édition de cet ouvrage s'est trouvée presque épuisée au bout d'un an. Depuis sa publication, je n'ai qu'à me féliciter des témoignages honorables d'amitié que m'ont donnés des personnes de tout état et de tout sexe, dont la plupart me sont inconnues. Les unes sont venues me trouver, et d'autres m'ont écrit les lettres les plus touchantes pour me remercier de mon livre; comme si, en le donnant au public, je leur avais rendu quelque service particulier. Plusieurs d'entr'elles m'ont prié de venir dans leurs châteaux, habiter la campagne, où j'aimerais tant à vivre, m'ont-elles dit. J'ai répondu de mon mieux à des offres de service si agréables, dont je n'ai accepté que la bienveillance. La bienveillance est la fleur de l'amitié; et son parfum dure toujours, quand on la laisse sur sa tige sans la cueillir. Un athée est venu me voir plusieurs fois, d'une ville éloignée de Paris, frappé jusqu'à l'admiration, m'a-t-il dit, des harmonies que j'ai indiquées dans les plantes, et dont il a reconnu l'existence dans la nature. Je ne dis point ceci par vanité, mais pour reconnaître de mon mieux les marques de bienveillance qu'on m'a données. J'ai corrigé, dans cette nouvelle édition, les fautes d'impression, de style, de goût et de bon sens que j'ai remarquées dans la première, ou par moi-même, ou avec le secours de quelques personnes instruites, sans rien retrancher cependant du fonds des choses, comme elles le desiraient. Je me suis permis seulement, pour les éclaircir, quelques transpositions de notes. J'y en ai ajouté quelques-unes dans la même intention, entr'autres, dans l'explication dés figures, une figure de géométrie, pour rendre sensible aux yeux l'erreur de nos astronomes sur l'aplatissement de la terre, et de nouvelles preuves du cours alternatif et semi-annuel de l'océan Atlantique, par la fonte des glaces polaires.

LXVII.

Notre voisine avait reçu hier l'extrême-onction. Elle s'était mise ensuite à arranger ses affaires. Les biens dont elle a disposé sont immenses. Elle s'est vue mourir, elle s'est vu éteindre comme une chandelle. Sés parents l'ont laissée expirer en paix. Mais aussitôt qu'elle a eu rendu l'ame, ils se sont jetés sur ses dépouilles comme sur leur proie ; et, après s'être bien débattus, ils se les sont partagées toutes déchirées. L'infortunée Tatia a vu détruire les illusions qu'elle s'était formées ; elle s'est aperçue de la passion de Numa. Lucrèce s'était fait des principes qu'elle n'a jamais violés. Quand elle s'est vue déshonorée, elle s'est plongé un poignard dans le sein, et s'est donné la mort. Ses parents l'ont vue expirer à leurs propres yeux. Ils se sont montrés dignes d'elle ; ils l'ont vengée. Lucien et ses deux frères se sont retirés, je les ai vus partir, je les ai laissés partir, je les ai vu accompagner à quelques pas par leur sœur aînée, qui s'était décidée à les suivre. Quand elle s'est vue obligée de s'en revenir, elle a pleuré, elle s'est trouvée mal. Buffon a dit : mon esprit et mon caractère avaient déjà pris une tournure différente de celle que m'avait donnée ma triste éducation. Nous avons lu ces phrases dans les œuvres de Florian : Quelles femmes j'ai vues ! quelle horreur elles m'ont inspirée pour leur sexe, ou plutôt pour leurs pareilles ! qu'elles ont bien mérité les affronts qu'elles ont essuyés ! On nous a dit qu'elles s'en étaient plaintes d'abord, mais qu'elles s'étaient tues, quand elles se sont vues blâmées par leurs voisins et leurs parents mêmes. Mes oncles s'étaient fait dix mille francs de rente, et ces dix mille francs de rente qu'ils s'étaient faits, ils se les sont vu enlever par deux fripons qui se sont faits riches à leurs dépens. On a découvert deux voleurs, et on les a arrêtés. Je les ai vu arrêter, il n'y a qu'un instant, et je les ai vu conduire à la préfecture de police. On les avait vus rôder autour d'une maison qu'ils s'étaient proposé de piller. Ils ont manqué leur coup, et on ne les a pas manqués. Ils se sont senti saisir au moment qu'ils s'y étaient le moins attendus. Ils se sont parlé; je les ai entendus se parler; mais bientôt je les ai vu séparer par deux gendarmes.

LXVIII.

Émilie frémit de la proposition qui venait de lui être faite. Mille craintes vagues, semblables à celles qui toute la nuit l'avaient agitée, lui percèrent le cœur à la fois. Le soupçon que sa tante ne vivait plus se réunit en elle aux craintes personnelles qu'elle avait éprouvées depuis plusieurs jours. Elle se rappelait les paroles qui l'avaient informée de ses droits à l'héritage de sa tante, dans le cas où cette tante mourrait sans livrer ses biens à son époux. Les premiers vœux de la tante n'indiquaient point qu'elle se fût dessaisie de son héritage. La pitié pour sa tante, l'inquiétude pour elle-même, changeaient tour à tour ses idées, et la nuit vint avant qu'elle eût pris un parti. Elle entendit l'horloge frapper onze heures, frapper minuit. Le château était dans le calme. Elle sortit de sa chambre. Abusée par les ombres prolongées des colonnes, et par les renvois de la lumière, elle s'arrêtait souvent. Elle se trouva enfin à l'extrémité de la galerie, sans que personne l'eût dérangée. Après avoir traversé la terrasse, Émilie tourna les yeux vers la porte par laquelle elle était sortie ; et, remarquant les rayons de la lampe à travers l'étroite ouverture, elle fut certaine qu'Annette ne l'avait point quittée. Émilie contemplait avec effroi ces murs garnis d'une mousse verdâtre, et qui n'avaient plus de voûte à soutenir. Elle voyait ces fenêtres gothiques dont le lierre et la brione avaient long-temps suppléé les vitraux. Leurs guirlandes enlacées s'entremêlaient maintenant aux chapiteaux brisés qui autrefois avaient soutenu la voûte.

LXIX.

De l'escalier, Émilie et Bernardin gagnèrent un passage qui conduisait au souterrain. Les parois en étaient couvertes d'une humidité excessive. Les vapeurs qui s'élevaient de terre obscurcissaient à tel point le flambeau qu'à tout moment Émilie croyait le voir éteindre.

A mesure qu'ils avançaient, les vapeurs deve-
naient plus épaisses ; et Bernardin, croyant que
sa torche allait s'éteindre, s'arrêta un moment
pour la ranimer. Pendant ce repos, Émilie,
à la lueur incertaine du flambeau, vit près
d'elle une double grille, et plus loin, sous la
voûte, plusieurs monceaux de terre qui paraissaient entourer un tombeau ouvert. Un tel
objet, dans un tel lieu, l'eût en tout temps
violemment affectée ; mais, en ce moment, elle
eut le pressentiment subit que ce tombeau était
celui de sa tante, et que le perfide Bernardin
la menait aussi à la mort. Le lieu obscur
et terrible dans lequel il l'avait conduite semblait justifier sa pensée. Il semblait tout propre
au crime, et l'on pouvait y consommer un
assassinat sans qu'aucun indice pût le faire
découvrir. Émilie, vaincue par la terreur, ne
savait à quoi se résoudre. Elle songeait que
vainement elle essaierait de fuir Bernardin.
La longueur, les détours du chemin, ne lui
permettaient pas de s'échapper sans guide, et
sa faiblesse d'ailleurs ne lui permettait pas de
courir. Pâle d'horreur et d'inquiétude, elle
attendait que Bernardin eût disposé sa torche ;
et, comme sa vue toujours se reportait sur le
tombeau, elle ne put s'empêcher de lui demander pour qui il était préparé. Mais l'homme,

sécouant sa torche, passa outre sans lui répondre. Elle marcha en tremblant jusqu'à de nouveaux degrés, qu'ils montèrent. Une porte en haut les introduisit dans la première cour du château.

LXX.

Pendant qu'Émilie et Bernardin traversaient la cour du château, la lumière laissait voir ses hautes et noires murailles tapissées de verdure et de longues herbes humides qui trouvaient leur substance sur des pierres tout usées. Par intervalles, de pesantes arcades, fermées de grilles étroites, laissaient circuler l'air, et montraient le château, dont les tourelles entassées faisaient opposition aux tours énormes du portail. Dans ce tableau, la figure épaisse et difforme de Bernardin, éclairée par son flambeau, faisait un objet remarquable. Bernardin était enveloppé d'un long manteau gris : à peine découvrait-on au-dessous ses demi-bottes, qui étaient lacées sur ses jambes, où passait la pointe du large sabre qu'il portait constamment en bandoulière. Sur sa tête était un bonnet plat de velours noir, surmonté d'une courte plume. Ses traits, fortement dessinés, indiquaient un esprit adroit et sournois : on voyait sur sa figure l'empreinte d'une hu-

meur difficile et d'un mécontentement habi-
tuel. La vue de la cour néanmoins ranima le
cœur d'Émilie : elle la traversa en silence;
et, s'étant approchée du portail, elle commença
à espérer que ses propres craintes, et non la
trahison de Bernardin, avaient réussi à la
tromper. Elle regarda avec inquiétude la première fenêtre au-dessus de la voûte : elle était
sombre, et Émilie demanda si elle tenait à la
chambre où était sa tante. Elle parlait bas,
et peut-être Bernardin ne l'avait-il pas entendue; car il ne fit aucune réponse. Ils entrèrent
dans le bâtiment, et se virent au pied de
l'escalier d'une des tours. Le vent, qui à ce
moment soufflait par les profondes cavités des
murailles, augmenta la flamme de la torche.
Émilie en vit mieux l'affreuse figure de Bernardin, la tristesse du lieu où elle était,
des murailles de pierre brute, un escalier
tournant noirci de vétusté, et quelques restes
d'antiques armures qui semblaient le trophée
de quelque ancienne victoire.

LXXI.

Lorsqu'ils furent parvenus au palier, Bernardin mit une clef dans la serrure d'une
chambre, et y fit entrer Émilie. Je vais, lui dit-
il, avertir votre tante que vous êtes arrivée.

Émilie, tout interdite, n'osa point résister. Mais, comme il emportait la torche, elle le pria de ne point la laisser dans cette obscurité. Il regarda autour de lui ; et, remarquant une triple lampe posée au-dessus de l'escalier, il l'alluma et la donna à Émilie. Celle-ci écouta attentivement, et crut qu'au lieu de monter il descendait l'escalier. Mais les tourbillons de vent qui s'engouffraient sous le portail ne lui permettaient pas de bien distinguer aucun son. Elle s'approcha doucement de la porte, et quand elle essaya de l'ouvrir, elle s'aperçut qu'elle était fermée. Toutes les craintes qui l'avaient déjà accablée revinrent la frapper avec une nouvelle violence : elles ne lui parurent plus une erreur de l'imagination, mais un avertissement du destin qu'elle allait subir. Elle n'eut plus aucun doute que sa tante n'eût été immolée, et ne l'eût été peut-être en cette même chambre où on l'avait amenée elle-même dans un semblable dessein. S'étant approchée d'une fenêtre grillée qui donnait sur la première cour, elle entendit des accents qui se mêlaient avec le murmure du vent, et qui se perdaient si vîte qu'on ne pouvait en saisir un seul. A la lueur d'une torche qui semblait être sous le portail, elle vit sur le pavé l'ombre alongée d'un homme qui, sans doute, était sous la voûte. Émilie, à cette ombre colossale, conclut que c'était Bernardin ; mais d'autres sons apportés par les vents la convainquirent qu'il ne s'y trouvait pas seul. Elle prit la lampe pour examiner la possibilité de fuir. La chambre était spacieuse ; et les murs, recouverts d'une boiserie en chêne, ne s'ouvraient qu'à la fenêtre grillée, et à la porte par laquelle Émilie était entrée : les faibles rayons de la lampe ne lui permettaient point d'en bien juger l'étendue.

LXXII.

Dioclétien consentit à remettre la chose au conseil, afin de se décharger de la haine de cette résolution sur ceux qui l'avaient conseillée. Tout homme dont la conduite est noble, les sentiments élevés et généreux, qui ne descend jamais à des bassesses, qui garde au fond du cœur une légitime indépendance, me semble respectable, quelles que soient d'ailleurs ses opinions. Les plus grands hommes que l'Église ait produits ont presque touts paru entre la fin du troisième siècle et le commencement du quatrième. J'ai trouvé, dans les auteurs que j'ai consultés, des choses généralement inconnues, et dont j'ai fait mon profit. Quelquefois, en peignant un personnage de l'époque que j'ai choisie, j'ai fait entrer dans ma peinture un mot, une pensée, tirés des écrits de ce même personnage : non que ce mot et cette pensée fussent dignes d'être cités comme un modèle de beauté ou de goût, mais parce qu'ils fixent les temps et les caractères. Les dépouillements que j'ai faits de divers auteurs sont si considérables que, pour les seuls livres des Francs et des Gaules, j'ai rassemblé les matériaux de deux gros volumes. J'ai commencé mes courses aux ruines de Sparte, et je ne les ai finies qu'aux ruines de Carthage. L'église du Saint-Sépulcre, la Voie douloureuse, sont telles que je les ai représentées. Je ne prendrai aucun parti dans une question si long-temps débattue ; je me contenterai de rapporter les autorités. Boileau, qui juge le Télémaque avec une rigueur que la postérité n'a point sanctionnée, le compare à l'Odyssée, et appelle Fénélon un poëte. Voltaire et La Harpe ont déclaré qu'il n'y avait point de poëme en prose : ils étaient fatigués et dégoûtés par les imitations que l'on avait faites du Télémaque. La prose poétique et mesurée du Télémaque est singulièrement harmonieuse, et elle donne au style presque autant d'élévation que la langue française peut en supporter même en vers.

LXXIII.

Les oiseaux que j'ai vus s'envoler sont venus se percher sur un arbre de notre jardin. Les enfants du jardinier les ont aperçus, et se sont avisés de monter sur l'arbre. Ils s'étaient imaginé qu'ils pourraient attraper ces oiseaux. Mais les oiseaux ne se sont pas laissé prendre, et à peine les enfants étaient arrivés au pied de l'arbre que les oiseaux se sont envolés. La servante qui les a laissés partir a essuyé de vifs reproches, qu'elle n'avait que trop mérités. La porte de la cage, qu'elle avait oublié de fermer, avait offert aux oiseaux captifs une occasion de partir, qu'ils n'ont pas laissé échapper. De tous les oiseaux que nous nous étions plus à rassembler à la maison, il ne nous est resté que deux couples que nous avons spécialement recommandés à la domestique, et que nous nous sommes proposé de soigner nous-mêmes avec tout le zèle dont nous sommes capables. Quelques couvées heureuses suffiront pour repeupler notre volière. Quelque vifs regrets que nous éprouvions, quels que soient nos chagrins en ce moment, l'espérance de la prompte reproduction de ces oiseaux qui ont toujours fait nos plus chères délices, nous console, et rend nos peines plus supportables. Les deux jeunes personnes que vous avez vues arriver chez nous étaient dans un état affreux. Elles ont été poursuivies par des bandits. En fuyant, elles se sont laissées tomber. Elles se sont relevées, ayant la figure toute meurtrie, tout écorchée, les bras, les jambes tout ensanglantées. L'une de ces deux filles a les yeux bleus et des sourcils châtain clair ; l'autre a les cheveux et les sourcils châtains. Andromaque dit :

> Je me suis quelquefois consolée
> Qu'ici plutôt qu'ailleurs le sort m'eût exilée.

RACINE.

LXXIV.

J'ai lu toute la Callipédie, et je l'ai admirée. Il me semble qu'on ne peut faire de plus beaux vers latins. Balzac dirait qu'ils sentent tout-à-fait l'ancienne Rome et la cour d'Auguste, et que le cardinal Duperron les aurait lus de bon cœur. Je ne sais si vous avez connaissance de quelques lettres qui font un grand bruit. Elles sont de M. le cardinal de Retz. Je les ai vues, mais en des mains dont je ne pouvais les tirer. L'ode a été montrée à M. Chapelain. Il a marqué quelques changements à faire ; je les ai faits. M. Chapelain a donc reçu l'ode avec la plus grande bonté du monde. Tout malade qu'il était, il l'a retenue trois jours, et a fait des remarques par écrit, que j'ai fort bien suivies. M. Perrault m'a dit aussi de fort bonnes choses, qu'il a même mises par écrit, et que j'ai encore toutes suivies, à une ou deux près où je ne suivrais pas Apollon lui-même. *L'ode est fort belle*, a dit Chapelain, *fort poétique, et il y a beaucoup de stances qui ne peuvent être mieux. Si l'on repasse le peu d'endroits que j'ai marqués, on en fera une fort belle pièce.* Ce qu'il y a eu de plus considérable à changer, ç'a été une stance entière, qui est celle des Tritons. Il s'est trouvé que les Tritons n'avaient jamais logé dans les fleuves, mais seulement dans la mer. Je les ai souhaités bien des fois noyés touts tant qu'ils sont, pour la peine qu'ils m'ont donnée. Vous vous attendez peut-être que je m'en vais vous dire que je m'ennuie beaucoup à Babylone, et que je vous dois réciter les lamentations que Jérémie y a autrefois composées. Mais je ne veux vous faire aucune pitié, puisque vous n'en avez pas déjà eu pour moi ; je veux vous braver, au contraire, et vous montrer que je passe fort bien mon temps. Vos lettres sont maintenant clair-semées, et c'est beaucoup d'en recevoir une en deux mois. J'étais très en peine de ce

F

changement, et j'enrageais de voir qu'une si belle amitié se fût ainsi évanouie, lorsque heureusement votre lettre m'est venue tirer de toutes ces inquiétudes, et m'a appris que la raison pourquoi vous ne m'écriviez pas, c'est que mes lettres étaient trop belles. Qu'à cela ne tienne, monsieur, il me sera fort aisé d'y remédier : et il m'est si naturel de faire de méchantes lettres, que j'espère, avec la grâce de Dieu, venir à bout de n'en faire pas de trop belles ; vous n'aurez pas sujet de vous plaindre à l'avenir, et j'attends dès à présent des réponses par touts les ordinaires. Mais parlons plus sérieusement : avouez que, tout au contraire, vous croyez les vôtres trop belles pour être si facilement communiquées à de pauvres provinciaux comme nous.

LXXV.

J'ai considéré l'ébauche de ce poëme comme un arbre vigoureux et touffu, dont il y avait à retrancher bien des branches infructueuses ; et, sans le tailler au ciseau, j'ai cru qu'il fallait l'émonder. Ainsi, quoique mon style soit moins serré, mon récit sera plus rapide. Il le serait davantage, si j'avais osé m'en croire ; mais (pour suivre la comparaison qui m'a servi de règle) j'ai mieux aimé qu'on me reprochât d'avoir laissé des rameaux superflus que d'avoir coupé des rameaux utiles. Voilà mon excuse pour les détails qu'on pourra trouver un peu longs. A l'égard de la poésie de style, toutes les fois qu'elle a contribué à l'effet du tableau, je l'ai conservée avec soin; mais lorsqu'elle m'a paru nuire à la force ou à la chaleur, je l'ai réduite à l'expression simple. Quelquefois l'auteur est obscur par un excès de précision, et souvent aussi la langue latine a un vague qui laisse à l'esprit le soin de décider ou d'achever le sens : alors, pour développer ou mieux déterminer la pensée, j'ai mieux aimé alonger le texte, que de le commenter en notes. Celles que j'ai mises au bas des pages ont pour objet d'épargner au lecteur la peine que je me suis donnée de vérifier les faits et d'éclaircir quelques détails. Enfin, pour suppléer à la faiblesse de ma version, j'ai cru devoir donner, après chaque livre, non seulement les plus beaux morceaux du poëme, mais aussi les endroits qui ont passé mes forces, et que je n'ai pu rendre à mon gré. Je sens quel est pour moi le désavantage de ne laisser voir que les beaux côtés de l'original ; en citant les morceaux épineux ou stériles, je me serais mieux fait valoir.

F 2

LXXVI.

Quelle est la cause qui entraîne le peuple romain aux combats, et qui chasse la paix de la terre ? L'envieuse fatalité ; l'arrêt porté par le destin, que rien d'élevé ne soit stable ; la chute qu'entraîne un trop pesant fardeau ; Rome que sa grandeur accable.

Ainsi, lorsque les siècles accumulés amèneront l'instant de la dissolution du monde, touts les ressorts de la nature se briseront, tout rentrera dans l'ancien chaos : les astres confondus se heurteront ensemble, la mer engloutira les étoiles, la terre refusera d'embrasser la mer, et la chassera de son lit : l'ébranlement universel de la machine en détruira l'ordre et l'accord.

L'excessive grandeur s'écroule sur elle-même : c'est le terme que les dieux ont mis à nos prospérités ; la fortune n'a voulu confier à aucune nation le soin de sa haine contre les Romains. C'est toi, Rome, c'est toi qu'elle a rendue, sous trois tyrans, l'instrument de ta ruine ; c'est leur concorde impie et fatale qui t'a perdue. — Laissez-nous-la, cruels, cette paix qui nous a tant coûté. Pourquoi la troubler ? Pourquoi courir aux armes et vous arracher les dépouilles de l'univers en butte à vos coups?

Non, tant que la terre contiendra la mes, que l'air balancera la terre, que les astres rouleront au ciel, il n'y aura jamais de sincère accord dans le partage du rang suprême. L'autorité ne veut point de compagne. N'en cherchons point les exemples loin de nous ; le fondateur de ces murs les souilla du sang de son frère. Et ce n'était pas l'empire du monde qu'on se disputait avec tant de fureur : un hameau divisa ses maîtres.

On vit, quelque temps, subsister entre Pompée et César une paix simulée et contrainte. Crassus, au milieu de ces deux rivaux, tenait la guerre comme en suspens.

LXXVII.

Si le sénat romain n'eût rejeté que des demandes excessives, injustes, nuisibles à l'état, sa fermeté mériterait les éloges qu'on lui a donnés. Mais quelles étaient les prétentions du peuple? Qu'on retranchât de ses dettes l'usure qui le dévorait, et qu'on lui donnât, pour subsister avec ses enfants et ses femmes, une portion des terres qu'il avait conquises et arrosées de son sang. Voilà les sources intarissables de touts les troubles élevés dans Rome entre les pauvres et les riches , entre le peuple et le sénat.

Pour sentir toute la dureté du sénat dans le refus constant de ces demandes, il faut se rappeler qu'à Rome , dans les premiers temps, les incursions fréquentes des ennemis sur les terres de la République, et l'interruption de la culture, occasionnée par des guerres continuelles , ruinaient le peuple, et rendaient les débiteurs insolvables ; que , livrés comme des esclaves au pouvoir des créanciers, ils étaient détenus dans d'étroites prisons , et réduits à un état cent fois pire que la servitude ; que , d'un autre côté, le peuple n'avait d'autre métier que la guerre et l'agriculture ; que les riches s'étant emparés peu à peu de toutes les terres de la République, et les faisant cultiver par leurs esclaves, à l'exclusion des hommes libres, le peuple de la ville et des campagnes se trouva n'avoir pas même pendant la paix la ressource de son travail. C'était lui faire une nécessité d'être sans cesse sous les armes. Mais la guerre est un état violent qui demande au moins du relâche ; et ce peuple, qui n'allait aux combats que librement et par honneur, sentait fort bien qu'il avait le droit de vivre en paix du fruit de ses victoires.

Dans un moment de disette, les consuls avaient fait venir des blés achetés à vil prix. Les patriciens les plus sensés voulaient qu'on les vendît de même au peuple ; mais Coriolan, irrité du refus que le peuple avait fait de s'enrôler et de le suivre, prétendit qu'il fallait maintenir la cherté, de peur de paraître flatter la multitude. Cette opinion prévalut.

Crassus, pour se concilier la faveur des plébéiens, demanda pour eux au sénat le partage des terres nouvellement conquises, et de celles qui, appartenant de droit à la République, avaient été usurpées par la noblesse. L'intention du consul pouvait être mauvaise ; mais sa demande se réduisait à ce que le peuple eût du pain. Le sénat fit semblant d'accepter cette loi ; mais celui qui l'avait proposée fut condamné, après son consulat, à être précipité du roc tarpéien, et l'arrêt fut exécuté mieux que la loi qui en était la cause.

LXXVIII.

Rémus, voyant son frère Romulus arriver aux enfers, lui dit : Enfin, vous voilà, mon frère, au même état que moi : cela ne valait pas la peine de me faire mourir. Les quelques années pendant lesquelles vous avez régné seul sont finies, il n'en reste rien ; et vous les auriez passées plus doucement, si vous aviez vécu en paix, partageant l'autorité avec moi. Romulus répond : Si j'avais eu cette modération, je n'aurais, ni fondé la puissante ville que j'ai établie, ni fait les conquêtes qui m'ont immortalisé. Rémus reprend : Il valait mieux être moins puissant, et être plus juste et plus vertueux. Mon sang dans lequel vous avez trempé vos mains fera votre condamnation ici-bas, et noircira à jamais votre réputation sur la terre. Vous vouliez de l'autorité et de la gloire ; l'autorité n'a fait que passer dans vos mains ; elle vous a échappé comme un songe. Pour la gloire, vous ne l'aurez jamais. Avant que d'être grand homme, il faut être honnête homme, et l'on doit s'abstenir des crimes indignes des hommes, avant que d'aspirer aux vertus des dieux. Vous aviez l'humanité d'un monstre, et vous prétendiez être un héros !

Tatius, voyant arriver aux enfers son ancien collègue Romulus, lui parle ainsi : Je suis arrivé dans ces lieux un peu plus tôt que toi. Mais enfin nous y sommes touts deux, et tu n'es pas plus avancé que moi dans tes affaires. Romulus lui répond : La différence est grande ; j'ai la gloire d'avoir fondé une ville éternelle avec un empire qui n'aura d'autres bornes que celles de l'univers ; j'ai vaincu les peuples voisins ; j'ai formé une nation invincible d'une foule de criminels réfugiés. Tatius réplique : Ta ville durera tant qu'il plaira aux dieux ; mais elle est élevée sur de mauvais fondements. Pour ton empire, il pourra aisément s'étendre ; car tu n'as appris à tes citoyens qu'à usurper le bien d'autrui. Ils ont grand besoin d'être gouvernés par un roi plus modéré et plus juste que toi. Romulus dit : Tu me soupçonnes de t'avoir fait tuer. Quand je l'aurais fait, j'aurais suivi en cela l'exemple de mauvaise foi que tu m'avais donné en trompant cette pauvre fille qu'on nommait Tarpéia. Tu voulus qu'elle te laissât monter avec tes troupes pour surprendre la roche qui fut de son nom appelée Tarpéienne. Tu lui avais promis de lui donner ce que les Sabins portaient à la main gauche ; elle croyait avoir les bracelets de grand prix qu'elle avait vus. On lui donna touts les boucliers dont on l'accabla sur le champ.

LXXIX.

Voilà les ennemis que mon frère a eus à combattre ; il les a complètement vaincus, et vous les avez vus se jeter à ses pieds pour lui demander leur grâce, qu'il leur a aussitôt accordée, mais qu'ils n'avaient cependant point mérité d'obtenir. Les hommes que la reine a envoyé chercher, ont paru ce matin en sa présence; on assure qu'elle a froncé le sourcil, quand elle les a vus paraître. Elle leur a adressé diverses questions, et les réponses qu'ils y ont faites ont obtenu l'approbation de touts ceux qui les ont entendues. La reine elle-même s'est montrée plus favorablement disposée à leur égard, lorsqu'ils se sont retirés. On nous a apporté les six bouteilles de kirschwasser que nous avions envoyé chercher. Nous les avons ouvertes aussitôt, et nous avons reconnu sur le champ que le marchand qui nous les avait vendues, nous avait trompés. Les bouteilles ne contenaient que de l'eau au lieu de la liqueur que nous nous étions attendus à y trouver. Nous les avons fait reporter par la même personne que nous avions envoyée les chercher. Nous nous sommes plaints au commissaire de police de la fourberie du marchand qui nous avait si indignement trompés, et nous avons demandé qu'on le condamnât sans pitié à payer l'amende qu'il a encourue. Le tribunal de police nous a rendu la justice que nous avions demandée, et le fripon a été condamné à deux mille francs d'amende. Les gentilshommes que l'on a envoyés féliciter la princesse sur son mariage, en ont reçu un accueil distingué. Les présents qu'elle leur a faits sont d'un grand prix. Les fêtes qu'ils ont vu donner, pendant les six semaines qu'ils ont passées à la cour, avaient attiré un concours prodigieux de monde. Ces fêtes surpassaient en magnificence toutes celles que l'on a données jusqu'à présent dans les autres cours de l'Europe. La description que les envoyés nous en ont faite, nous a charmés, ravis. Ma fille s'est avisée ce matin de vouloir marcher avec des patins. Je l'ai engagée à ne point tenter cette entreprise, parce qu'elle pourrait lui devenir funeste. Elle n'a tenu aucun compte des conseils que je lui avais donnés ; et, pendant que j'étais sorti, elle s'est promenée avec ses patins sur le boulevart. Ses premiers essais lui ont réussi ; mais, peu de temps après, elle s'est laissée tomber, et elle est rentrée à la maison dans un état affreux.

LXXX.

Nous nous sommes entendu faire des reproches que nous n'avions pas mérité qu'on nous fît. Les torts que nou nous sommes entendu reprocher, nous n uous en étion aucunement rendus coupabl   Nous ne nous sommes point entendus avec les gens que l'on nous accuse d'avoir séduits. Nous avons toujours regardé ces gens-là comme de méchantes gens , et nous les avons fuis avec soin. Les méchantes gens sont trop dangereux à fréquenter. Cessez donc de nous imputer des torts que nous n'avons jamais eus à nous reprocher, et que vous nous avez reprochés trop légèrement. Combien d'histoires de revenants ne nous sommes-nous pas entendu raconter dans notre enfance? Nos nourrices, nos bonnes, se sont amusées à nous débiter touts ces contes qu'elles avaient reçus elles-mêmes de leurs grand'mères. Messieurs, quelque bonnes raisons que nous vous ayons alléguées , vous avez refusé de les entendre , vous ne les avez point écoutées ; nous ne combattrons pas plus long-temps les projets dont vous vous êtes entêtés; Nous vous avons donné touts les conseils que nous avons dû ; puissiez-vous ne vous repentir jamais de ne les avoir point suivis ! Les deux serins que vous avez entendus chanter ont été élevés par ma nièce, qui s'est amusée à nourrir ces deux oiseaux , et les a instruits avec la serinette que vous avez eu la complaisance de lui prêter. Elle vous remerciera elle-même de vos bontés, lorsqu'elle sera revenue de la campage où ellen est allée passer quelques jours

C'est d'après le conseil de notre médecin que je l'ai envoyée passer quelque temps à la campagne, parce que, depuis plusieurs mois, sa santé s'est trouvée dérangée.

Le jeune prince voulait réparer les désastres incalculables que sept ans de guerre avaient occasionnés. Mais la destruction ravage avec la rapidité d'un torrent qui a forcé ses digues ; et la nature, mère prudente et économe, n'accorde ses bienfaits que lentement, et à raison de la constance qu'on met à les solliciter. Déjà l'habitant de ces contrées long-temps abandonnées était rentré dans ses foyers paisibles et solitaires ; mais la flamme avait dévoré le toit de chaume qui l'abritait autrefois contre l'intempérie des saisons. Assis sur le tronc d'un vieux chêne planté par un de ses ancêtres, et dont le feuillage protecteur avait ombragé les jeux de son enfance, il pleurait maintenant : ses yeux attristés se promenaient autour de lui, et ne découvraient que des ronces où jadis il avait recueilli des moissons si abondantes ; sa voix altérée appelait ses fils ; et ses fils ne répondaient point. Élevant les mains et les yeux vers le ciel, il s'abandonne à la providence, et reprend avec un courage qu'il n'osait espérer de lui-même les instruments honorables avec lesquels ses bras long-temps fatigués du poids des armes doivent désormais déchirer et fertiliser le sein de la terre.

LXXXI.

Vos tantes se sont laissé ébranler par les menaces qu'on leur a faites. On les a menacées de leur intenter un procès ruineux, si elles n'acceptaient point les accommodements qu'on leur avait proposés. Elles se sont résignées aux sacrifices qu'on avait vainement exigés d'elles depuis huit mois. Si ma femme n'avait pas été obligée de faire un long voyage, et qu'elle fût restée auprès de ces deux dames qui sont ses amies, elle aurait soutenu leur courage, et ces dames ne se seraient pas laissée aller si facilement. Vos enfants s'étaient bien conduits pendant cette soirée; pourquoi les avez-vous envoyés se coucher de si bonne heure ? Cette femme s'est permis de malignes allusions que je ne l'aurais jamais soupçonnée de faire, si je ne les avais entendues de mes propres oreilles. Les divers collaborateurs se sont partagé les sommes que le ministre leur avait allouées. Des disputes s'étaient d'abord élevées pour ce partage ; mais mon frère et moi nous nous sommes proposés pour médiateurs ; et la querelle s'est promptement terminée. Les juges se sont partagés dans cette affaire ; le président ne les a ramenés qu'avec peine à son sentiment. Les deux généraux se sont attaqués avec une violence extrême, et ils se sont fait un mal horrible. La disette de vivres les a forcés à conclure une trève qu'ils n'ont observée que quelques mois. Les sots se sont toujours laissé allécher par les intrigants qui se sont donné la peine de leur tendre des piéges. Les fripons que tu as vu arrêter se sont échappés. Les pertes que j'avais prévu que je ferais, ne se sont que trop réalisées. Quelles sommes ne m'a point coûté la confiance que j'avais mise en des personnes que long-temps j'ai crues honnêtes ? Les vœux de vos anciens amis sont-ils remplis ? Ont-ils obtenu les emplois qu'on les a vus solliciter si ardemment ?

LXXXII.

Quinze ans s'étaient écoulés depuis la dédicace du temple. La fille du grand-prêtre croissait sous ses yeux, comme un jeune olivier qu'un jardinier élève avec soin au bord d'une fontaine, et qui est l'amour de la terre et du ciel. Rien n'aurait troublé la joie du grand-prêtre, s'il avait pu trouver pour sa fille un époux qui l'eût traitée avec toutes sortes d'égards, après l'avoir emmenée dans une maison pleine de richesses. Mais l'amour que cette jeune vierge avait eu le malheur d'inspirer à un proconsul d'Achaïe, avait éloigné d'elle touts les amants vertueux qui se seraient pré-sentés pour devenir les gendres du grand-prêtre. La jeune fille avait supplié son père de ne point la livrer à ce Romain impie dont les seuls regards la faisaient frémir. Le père avait cédé aux prières de sa fille. Le barbare, soupçonné de plusieurs crimes, avait déjà eu une première épouse qu'il avait précipitée dans le tombeau par ses traitements inhu-mains. Pour dérober sa fille aux poursuites du proconsul, le père l'avait consacrée aux Muses. Il l'avait instruite de touts les usages des sacrifices ; il lui avait montré à choisir la génisse sans tache, à couper le poil sur le front des taureaux, à le jeter dans le feu, à ré-pandre l'orge sacrée ; il lui avait appris sur-tout à toucher la lyre, charme des infortunés mortels. Souvent assis avec cette fille chérie, Ils chantaient quelques morceaux choisis de l'Iliade et de l'Odyssée, la tendresse d'An-dromaque, la sagesse de Pénélope, la mo-destie de Nausicaa ; ils disaient les maux qui sont le partage des enfants de la terre : Aga-memnon sacrifié par son épouse, Ulysse de-mandant l'aumône à la porte de son palais ;

ils s'attendrissaient sur le sort de celui qui meurt loin de sa patrie, sans avoir revu la fumée de ses foyers paternels. Nourrie des plus beaux souvenirs de l'antiquité, dans la docte familiarité des Muses, la jeune fille développait chaque jour de nouveaux charmes.

LXXXIII.

Anne-Thérèse de Marguenat de Courcelles, marquise de *Lambert*, naquit à Paris d'un maître des comptes. Elle perdit son père à l'âge de trois ans. Sa mère épousa en secondes noces le facile et ingénieux *Bachaumont*, qui se fit un devoir et un amusement de cultiver les heureuses dispositions qu'il découvrit dans sa belle-fille. Cette aimable enfant s'accoutuma dès-lors à faire de petits extraits de ses lectures. Elle se forma peu à peu un trésor littéraire propre à assaisonner ses plaisirs, et à la consoler dans ses peines.

Après la mort de son mari, *Henri de Lambert*, marquis de Saint-Bris, qu'elle avait épousé en 1666, et qu'elle perdit en 1686, elle essuya de longs et cruels procès, où il s'agissait de toute sa fortune. Elle les conduisit, et les termina avec toute la capacité d'une personne qui n'aurait point eu d'autres talents. Libre enfin et maîtresse d'un bien considérable qu'elle avait presque conquis, elle établit dans Paris une maison où il était honorable d'être reçu : c'était la seule, à un petit nombre d'exceptions près, qui se fût préservée de la maladie épidémique du jeu, et où l'on se rassemblât pour parler raisonnablement. Aussi les gens frivoles lançaient, quand ils pouvaient, quelques-traits malins contre la maison de madame *de Lambert*, qui, très délicate sur les discours et sur l'opinion du public, craignait quelquefois de donner trop à son goût. Elle avait le soin de se rassurer, en faisant réflexion que dans cette même maison, si accusée d'esprit, elle faisait une dépense très noble, et recevait beaucoup plus de monde de condition, que de gens illustres dans les lettres. Les qualités de l'ame surpassaient encore en elle les qualités de l'esprit. Elle était née courageuse, peu susceptible d'aucune crainte, si ce n'était sur la gloire ; incapable d'être arrêtée par les obstacles dans une entreprise nécessaire ou vertueuse.

LXXXIV.

Des voleurs nous ont attaqués pendant la nuit ; nous nous sommes laissé dépouiller sans résistance. La résistance que nous aurions voulu opposer nous serait devenue fatale, car les voleurs se sont présentés en grand nombre et complètement armés. Avez-vous vu la pendule que j'ai achetée ? Toutes les personnes qui l'ont vue, l'ont trouvée très belle et très riche. Elle sonne les heures et les demies, et marque les quantièmes. Tout le monde trouve que je ne l'ai pas payée cher. Vos cheveux que vous avez fait couper plusieurs fois, et que vous avez laissés croître ensuite, sont devenus en peu de temps très longs et très épais. Quelques libelles qu'on ait publiés contre cette femme, l'honneur de son sexe, elle les a méprisés. Quelque nombreuses qu'aient été les injures dont on l'a accablée, elle ne s'en est point mise en peine. Quelles qu'aient été les calomnies qu'on a débitées contre elle, elle s'est tue, et a dédaigné de repousser des traits qu'elle a jugés propres à attirer l'opprobre sur ceux qui les lançaient, plutôt que sur elle-même. La petite Angéla s'était obstinée à ne se point coucher avant sa mère ; nous l'avons laissée rester avec nous une partie de la soirée ; mais bientôt elle a succombé au sommeil ; nous l'avons portée tout endormie dans son lit, sans qu'elle s'en soit aperçue, sans qu'elle se soit réveillée. Les musiciens qui sont venus souper mercredi dernier avec nous, se sont montrés fort aimables. Nous les avons entendus chanter les chansons les plus gaies qu'on ait jamais entendu chanter. Ces juges, quels qu'ils soient, n'iront pas déclarer solennellement qu'une jeune princesse a été mal élevée. Tant que les Suisses ont vécu renfermés dans leurs montagnes, ils se sont suffi à eux-mêmes. Mais lorsqu'ils ont commencé à communiquer avec d'autres nations, ils ont pris goût à leur manière de vivre, et ont voulu l'imiter. Ils se sont aperçus que l'argent était une bonne chose, et ils ont voulu en avoir. Sans productions et sans industrie pour l'attirer, ils se sont mis en commerce eux-mêmes, ils se sont vendus en détail aux puissances. Leurs premières aliénations de troupes les ont forcés d'en faire de plus grandes, et de continuer toujours. — Après qu'ils ont eu bien déjeûné, et qu'ils ont été rassasiés de plusieurs tranches d'un excellent jambon de Mayence, nous les avons vus se lever précipitamment de table, d'où ils se sont rendus chez un notaire pour signer quelques contrats qu'ils avaient passés. Nous les avons vus rentrer ; ils ont demandé un bol de punch, et quelques verres de rum, qu'ils ont bus. Ils se sont couchés ensuite, et ont fort bien dormi. Ces deux hommes se sont colletés, c'est-à-dire, se sont pris au collet : ils se sont meurtri le visage à coups de poing ; ils se sont déchiré leurs habits, qu'ils ont envoyé raccommoder.

LXXXV.

Je présume, madame, que vous voilà heureusement arrivée à Paris, et peut-être déjà lancée dans le tourbillon de ces plaisirs bruyants dont vous pressentiez le vide, et que vous vous êtes proposé néanmoins de chercher. Je ne crains point que, d'après l'épreuve que vous avez résolu d'en faire, vous les trouviez plus substantiels que vous ne les avez estimés. Mais, si vous en aviez une fois contracté l'habitude, ils deviendraient pour vous des besoins que vous seriez obligée de satisfaire. Songez dans quel état cruel cela vous jetterait. Je vous conseillerais donc de rompre cette habitude, ou du moins de l'interrompre, avant que vous vous en fussiez laissé subjuguer. Ces règles de la syntaxe que vous avez étudiées si long-temps, mesdemoiselles, vous ne les avez point retenues : car vous n'en avez appliqué aucune aux diverses phrases que je vous ai fait écrire ce matin sur la planche noire. Les principes que l'on a une fois bien conçus doivent rester gravés dans l'esprit. Mes sœurs se sont promenées hier le long de la rivière. Une femme qui lavait du linge dans un bateau de blanchisseuses, s'est laissée tomber dans l'eau : deux hommes qui l'ont vue tomber se sont déshabillés très promptement, et se sont jetés à l'eau : ils ont retiré la femme et l'ont ramenée sur le rivage ; les prompts secours qu'on lui a donnés l'ont sauvée. Les deux hommes que nous avons vus passer sont les deux avocats que nous avons entendus plaider lundi dernier au tribunal de première instance. Les talents qu'ils ont montrés dans cette affaire importante justifient la réputation brillante qu'ils ont obtenue depuis long-temps. L'occasion qu'on a une fois laissée échapper ne revient plus. L'affection que j'avais conçue pour vos enfants s'est assez manifestée par toutes les peines que je me suis données pour leur instruction. Quels que soient mon zèle et mon attachement pour mes élèves, quelques soins que je prenne, le succès est bien éloigné de dépendre de moi seul. On sait mon goût déclaré pour les sciences, et je les ai assez cultivées pour avoir dû y faire des progrès, pour peu que j'eusse eu de dispositions. Cette dame, qu'un pur motif de curiosité avait amenée à la cour, y fut retenue par des motifs d'un genre supérieur, et qui n'en furent pas moins efficaces pour avoir été moins prévus.

LXXXVI.

Si je vous ai laissé, ma belle voisine, une empreinte que vous avez bien gardée, vous m'en avez laissé une autre que j'ai gardée encore mieux. Vous ne savez pas quelle estime et quel respect votre courage, votre modération, votre sagesse, ont inspirés pour vous dans toute l'Europe. J'ai reçu votre paquet, qui me serait également parvenu sous l'adresse que je vous ai donnée. Les troupes alliées ont pris part aux combats qui se sont livrés sur la frontière, et elles y ont déployé une valeur que tout le monde a admirée. Les bons livres que vous avez négligé de lire vous auraient formé l'esprit et le cœur. La romance que nous avons entendu chanter ne m'a pas paru digne de l'auteur célèbre qui l'a composée. Je ne saurais vous peindre la vive impression qu'a faite sur moi le récit des ravages que le dernier orage a causés. Les filles de Prœtus, parce qu'elles s'étaient vantées d'être plus belles que Junon, furent frappées d'un genre de folie qui leur fit croire qu'elles étaient changées en vaches. Les géants, enfants de la terre, s'étaient révoltés contre Jupiter ; mais ils furent terrassés à coups de foudre, et accablés sous les montagnes qu'ils avaient amassées pour détrôner le maître des dieux. Les espérances que nous avions osé concevoir, que nous avons nourries si long-temps, se sont évanouies tout d'un coup. Cette salle n'est pas aussi grande que je l'avais cru d'abord ; je l'ai mesurée, et j'ai reconnu qu'elle n'a que cinq toises et demie de long sur trois toises et un tiers de large : elle ne pourrait point contenir toutes les personnes que nous nous sommes proposé de réunir ici la semaine prochaine.

LXXXVII.

De quelques biens que vous jouissiez, vous ne serez point heureux, si vous ne savez réprimer vos passions. Quels que soient les biens dont vous jouissez, sachez toujours vous modérer. Quelque savants que nous soyons, ne faisons pas un vain étalage de notre science. Quelque justes que soient les hommes, ils pèchent sept fois par jour. Quelles que soient les caresses d'un ennemi, ne vous y fiez point. Quelques caresses que vous fasse un ennemi, vous devez toujours vous en défier.

> Quel que soit l'intérêt qui fait parler la reine,
> La réponse, Seigneur, doit-elle être incertaine ?

Quelque brillants que soient les dons de la fortune, la vertu les efface ; elle seule a du prix. Quelque savants que nous puissions devenir, nous ne renfermerons jamais dans les bornes étroites de notre intelligence toutes les profondeurs de l'œuvre de l'infini. Ceux qui ne s'occupent à quoi que ce soit de bon et d'utile me paraissent fort méprisables. Quoi que vous disiez, l'homme juste et constant dans ses principes vit en paix avec lui-même. A quoi que vous vous occupiez, donnez-y toute votre attention. Quelques richesses que l'on possède, on est rarement content de son sort. Quelques fautes graves que nous ayons commises, confions-nous en la miséricorde de Dieu. Quelque sincères que les hommes paraissent avec les femmes, elles ne doivent pas s'attendre à n'être jamais trompées. Quelque éclairés que nous soyons, ne nous glorifions point de notre savoir. Quelque folles que soient les modes, on en est esclave. Il y a quelque cinq cents ans que Gilia Flavio, fameux pilote, né à Naples, a fait l'intéressante découverte de la boussole. Quelques talents que l'on ait, on ne peut, si l'on n'a ni bonheur ni protection, réussir à quoi que ce soit. Les criminels doivent être punis, quels qu'ils soient. Tout aimable qu'est la vertu, elle a moins d'adorateurs que le vice. Quels sujets n'ont pas été épuisés par les gens de lettres ?

LXXXVIII.

Blanche de *Monbary*, comtesse de Flandre, avait perdu ses parents dans sa plus tendre jeunesse. Elle avait été élevée en Angleterre chez le lord Walter Cliffort, son tuteur. Elle s'était liée dès lors avec la belle Rosemonde, fille du lord. Rosemonde aimait la retraite et la solitude : Blanche, au contraire, aimait le monde et les plaisirs ; et, lorsque la reine Éléonore les avait demandées l'une et l'autre, pour les attacher à son service, Blanche seule avait accepté, et Rosemonde était restée dans sa retraite. Agée seulement de quinze ans, Blanche avait fixé touts les regards, et reçu touts les hommages qui pouvaient la flatter. Elle jouit pendant une année entière des délices d'un amour mutuel et vertueux, sans que l'on pût en connaître l'objet, sans que l'on pût connaître ensuite si ce fut la mort ou l'absence qui l'en avait privée. Absorbée par la douleur, elle apercevait à peine la passion qu'elle avait inspirée au roi Henri II. Ce fut autant par la jalousie de la reine que par l'empressement du roi qu'elle fut instruite de l'amour dont elle était l'objet. Lorsqu'elle s'en fut aperçue, elle résolut aussitôt de quitter la cour et l'Angleterre même... Entourée, dans sa retraite, des enfants que Théodoric avait eus d'un premier mariage, Blanche eût souhaité d'en faire ses amis; mais jamais leurs cœurs ne furent touchés d'aucun sentiment d'affection pour elle. Les doux noms de leurs relations mutuelles n'étaient employés d'une part que pour indiquer la supériorité de l'âge et la perte des agréments, et de l'autre que pour faire sentir l'autorité et provoquer l'obéissance. Après dix ou douze ans de séjour à Mouçon, Blanche avait perdu, sans doute, quelque chose de sa première fraîcheur ; mais sa beauté régulière et noble pouvait le disputer aux beautés moins parfaites qui avaient sur elle l'avantage de la jeunesse ; et, bien loin qu'elle fût plus âgée que ses belles-filles, la chronique assure même que les aînées dataient de plus loin qu'elle. Quoi qu'il en soit, cette petite rivalité avait augmenté beaucoup la mésintelligence qui devait naître d'une opposition entière de caractères. L'inimitié s'était accrue de jour en jour, et les désagréments que faisait éprouver à Blanche la mauvaise humeur de ses belles-filles lui avaient rendu le séjour de Mouçon insupportable. La fortune de Théodoric avait éprouvé des revers. Les avantages considérables qu'il avait d'abord remportés pendant près de quinze ans sur les Sarrasins, l'avaient mis en état de combler sa jeune épouse des plus riches présents. Mais Théodoric et André n'envoyaient plus en Europe que des trophées d'armes, et ils se voyaient forcés à redemander les sommes nécessaires pour soutenir leurs expéditions. Blanche renvoyait sans regret les trésors qu'elle avait reçus sans avidité. Ils retournent à leur source, disait-elle.

LXXXIX.

L'innocente Clara n'est point condamnée uniquement parce qu'on la trouve évanouie dans la chambre de l'enfant assassiné. On la trouve cachée sous une table couverte d'un tapis ; cette circonstance est quelque chose. Son amant, père de l'enfant, avait vu la veille, sans être aperçu d'elle, tous les instruments du crime entre ses mains : le poignard, un mouchoir de soie, une échelle de corde. Après avoir eu le temps d'examiner ces choses, il entre dans sa chambre ; aussitôt elle cache avec précipitation, sous un voile, ce poignard, ce mouchoir, etc. Elle rougit, se déconcerte ; et, lorsqu'il la questionne là-dessus, elle fait un mensonge : cette petite scène n'est regardée

que comme un enfantillage ; mais, le lendemain, le père, en trouvant son fils assassiné,
et Clara cachée sous la table, reconnaît le
poignard et les autres instruments du crime ;
et Clara, en reprenant l'usage de ses sens,
prononce ces paroles : *je n'ai rien à dire pour
ma défense....* En outre, on apprend qu'elle
avait reçu la veille une caisse venant d'Allemagne, qui renfermait le poignard, etc., et
qu'elle avait ordonné au domestique qui la lui
avait remise, de ne point parler de cet envoi.
On apprend encore qu'elle s'était glissée fur-
tivement, avec beaucoup de mystère et à une
heure indue, dans le pavillon de l'enfant. A l'in-
terrogatoire, toutes ces choses sont répétées ;
on présente à Clara les instruments du crime ;
on lui demande s'ils étaient dans la boîte
qu'elle a reçue, s'il est vrai qu'on les ait vus
la veille dans ses mains : elle convient de
tout. On la presse de dire quelque chose pour
sa défense ; elle persiste à répéter qu'elle n'a
rien à dire.

Ce n'est point pour les rois qu'est la sincérité :
Tout se farde à la cour, jusqu'à la vérité.
L'encens fait un plaisir dont l'ame extasiée
Jamais jusqu'à ce jour ne s'est rassasiée ;
Et l'on étale aux rois d'un plus tranquille front
Les vertus qu'ils n'ont pas que les défauts qu'ils ont.

Ésope à la cour.

3

Quelle grande bataille a-t-on jamais gagnée,
Que l'horreur n'ait suivie ou n'ait accompagnée ?
Eh ! qu'est-ce que l'on gagne ? Un morceau de terrain
Que le victorieux quitte le lendemain.
Cependant, bien souvent pour de telles conquêtes,
Il en coûte au vainqueur quinze ou vingt mille têtes,
Et le sang que l'on perd dans ce gain malheureux
Est toujours le plus noble et le plus généreux.

(*Ibid.*)

XC.

Une femme vertueuse, mais infirme et
pauvre, occupe cette humble chaumière.
Deux enfants, dans la première fleur de l'innocence, pleureraient de faim au pied du lit
de leur mère infortunée, si Mélinde n'était
leur ange tutélaire. Ravie d'avoir consolé
l'indigence, elle va revenir, ses belles joues
animées d'un sentiment de joie, et ses beaux
yeux baignés encore des larmes de la pitié. —
Une personne qui se voit délaissée dans sa
misère, ne regarde la bienfaisance que comme
un paradoxe qui occupe inutilement une
quantité de vains discoureurs. Il a été heureux
pour certaines personnes d'être abandonnées
de leurs proches ; c'est par là qu'a commencé
la chaîne des événements qui les ont conduites
à la fortune. Il y a des gens dont le mérite
et le courage ont besoin d'être soutenus ; et
d'autres qui ne les font valoir que lorsqu'ils

se voient délaissés.—Perfide, tu n'oses rompre un serment que t'arracha Tatius ! Comptes-tu pour rien ceux que tu m'as faits ? Te les avais-je demandés, ingrat, qui, sous l'apparence de la vertu, caches l'ambitieux projet de te faire roi des Sabins, et d'arracher un trône à mon père ? Tremble du sort qui te menace; tremble des maux que tu te prépares. Ne te flatte pas de leur échapper : le seul nom de Romulus t'environnera par-tout d'ennemis. Errant, persécuté, banni, tu traîneras ton infortune et ta fausse vertu chez tous les peuples de l'Italie, qui te rejetteront de leur sein. En proie aux remords dévorants pour avoir causé la mort de ton épouse, tu pleureras à touts les instans le crime de ton inconstance. Tu regretteras Hersilie, tu tendras vers elle des mains suppliantes; Hersilie n'en sera que plus animée à te persécuter. Tant qu'il me restera un souffle de vie, je te poursuivrai, la flamme à la main; et si ton abandon me donne la mort, mon ombre ira se joindre aux cruelles furies, pour ajouter à l'horreur de ton supplice.

J. B. Rousseau dit, en parlant des méchants :

J'ai vu que leurs honneurs, leur gloire, leur richesse,
Ne sont que des filets tendus à leur orgueil;

Que le port n'est pour eux qu'un véritable écueil,
Et que ces lits pompeux où s'endort la mollesse
Ne couvrent qu'un affreux cercueil.
Comment tant de grandeur s'est-elle évanouie ?
Qu'est devenu l'éclat de ce vaste appareil ?
Quoi, leur clarté s'éteint aux clartés du soleil !
Dans un sommeil profond ils ont passé leur vie,
Et la mort a fait leur réveil.

XCI.

L'*abandon* est une négligence presque toujours agréable, qu'on sent dans le discours, lorsque l'écrivain, vivement pénétré de ce qu'il veut dire, se laisse aller au mouvement naturel de son sentiment et de sa pensée, sans rechercher, ni ses tours et ses expressions, ni la liaison et l'ordre rigoureux des idées. Quand on est bien pénétré d'une idée, dit Voltaire, quand un esprit juste et plein de chaleur possède bien sa pensée, elle sort de son cerveau tout ornée des expressions convenables, comme Minerve sortit tout armée du cerveau de Jupiter.

Voltaire fait sentir, dans tous ses ouvrages de vers et de prose, la justesse de cette comparaison ; ils sont pleins de cet *abandon* d'entraînement et de rapidité qui donne à son style un ton si animé et si naturel, et des couleurs si brillantes, sans désordre et sans incorrection.

On trouve le même *abandon* dans les lettres de madame de Sévigné ; et il faut convenir que le genre épistolaire est celui auquel cette manière semble convenir le mieux. C'est sur-tout dans ce sentiment inépuisable de tendresse, que ses lettres offrent mille traits de cet *abandon* aimable et piquant. Nous n'en citerons qu'un exemple : « Ma chère fille, ce que je ferai beaucoup mieux que tout cela, c'est de penser à vous : je n'ai pas encore cessé depuis que je suis arrivée ; et, ne pouvant contenir tous mes sentiments, je me suis mise à vous écrire au bout de cette petite allée sombre que vous aimez, assise sur ce siége de mousse où je vous ai vue quelque-fois couchée. Mais, mon Dieu ! où ne vous ai-je point vue ici ? et de quelle façon toutes ces pensées me traversent-elles le cœur? Il n'y a point d'endroit, point de lieu, ni dans la maison, ni dans l'église, ni dans le pays, ni dans le jardin, où je ne vous aie vue. Il n'y en a point qui ne me fasse souvenir de quelque chose. De quelque manière que ce soit, je vous vois, vous m'êtes présente, je pense et repense à tout, ma tête et mon esprit se creusent : mais j'ai beau tourner, j'ai beau chercher, cette chère enfant que j'aime avec tant de passion est à deux cents lieues de moi ; je ne l'ai plus : sur cela je pleure sans pouvoir m'en empêcher. »

A l'élégance, à la noblesse, à l'harmonie, à la richesse, qu'on admire dans les pseaumes de Rousseau, il faut joindre cette onction qu'il avait puisée dans l'original. Ce n'est pas qu'on ne puisse en desirer davantage, sur-tout quand on a lu les chœurs de Racine : il y a dans ceux-ci plus de sentiment, comme il y a plus de flexibilité dans les tons, et plus d'habileté à passer continuellement de l'élévation et de la force à la douceur et à la grâce, et de faire contraster la crainte et l'espérance, la plainte et les consolations. Mais il est juste aussi de remarquer que les chœurs de Racine, mélangés de toutes sortes de rhythmes, se prêtaient plus facilement à cette intéressante variété : c'é-taient des odes que Rousseau voulait faire. Il est vrai encore que dans la seule où il ait employé le mélange des rhythmes, qu'il aurait peut-être pu mettre en usage plus souvent, il n'en a pas tiré, à beaucoup près, le même parti que Racine dans ses chœurs. Mais enfin l'on peut avoir moins de sensibilité que Racine, et n'en être pas dépourvu ; et c'est encore dans ses pseaumes que Rousseau en a le plus.

Quelquefois Rousseau paraphrase longuement et faiblement ce qui est beaucoup plus beau dans la simplicité de l'original.

> Les Cieux instruisent la terre
> A révérer leur auteur :
> Tout ce que leur globe enserre
> Célèbre un Dieu créateur.
> Quel plus sublime cantique
> Que ce concert magnifique
> De tous les célestes corps !
> Quelle grandeur infinie !
> Quelle divine harmonie
> Résulte de leurs accords !

Comme le reste du pseaume est fort supérieur, on le cite souvent aux jeunes gens ; et j'ai vu ce même commencement rapporté avec les plus grands éloges dans vingt ouvrages faits pour l'éducation de la jeunesse. Il serait utile au contraire de leur faire apercevoir la différence de cette première strophe aux autres. Les deux premiers vers sont beaux, quoiqu'ils ne vaillent pas, à mon gré, la simplicité si noble de l'original : *Les cieux racontent la gloire de l'Eternel, et le firmament annonce l'ouvrage de ses mains.* Mais touts les vers suivants sont remplis de fautes. *Enserre* est un mot dur et désagréable, déjà vieilli du temps de Rousseau. *Le globe des cieux* est une expression très fausse. *Résulte de leurs accords* termine la strophe par un vers aussi sourd que prosaïque. Jamais le mot *résulte* n'a dû entrer que dans le raisonnement. Mais, ce qu'il y a de plus vicieux, c'est la redondance de touts ces mots presque synonymes, *sublime cantique , concert magnifique ; divine har- monie , grandeur infinie :* c'est un amas de chevilles indignes d'un bon poëte.

XCII.

Emilie ne quitta point sa tante jusque long- temps après minuit ; elle serait restée davan- tage , si sa tante ne l'eût conjurée d'aller prendre un peu de repos : elle obéit d'autant plus volontiers que la malade lui paraissait soulagée : elle donna à Annette les mêmes ins- tructions qu'elle lui avait données la nuit pré- cédente, et se retira dans son appartement. Ses esprits étaient agités ; elle ne se serait point endormie : elle préféra de surveiller cette mystérieuse apparition qui lui causait tant d'alarmes et tant d'intérêt.

C'était la seconde garde , et l'heure où la figure avait déjà paru. Emilie entendit les sen- tinelles qui se relevaient ; et quand tout fut rentré dans le calme, elle reprit sa place à la fenètre ; et mit sa lampe de côté, afin de ne pas être aperçue. La lune donnait une lumière faible et incertaine ; d'épaisses vapeurs l'obscurcissaient, et quand elles roulaient sur son disque, les ténèbres étaient absolues. Dans un de ces sombres moments, elle remarqua une flamme légère qui voltigeait sur la terrasse ; pendant qu'elle regardait, la flamme s'évanouit. La lune s'étant montrée au travers des nuages plombés et chargés de tonnerres, Emilie contempla les cieux : de nombreux éclairs sillonnaient une nuée noire, et répandaient une lueur morne sur la masse des bois du vallon. Emilie se plaisait à observer les grands effets du paysage : quelquefois, au-dessus d'une montagne, un nuage ouvrait ses feux ardents ; cette splendeur subite illuminait jusques aux cavités ; puis, tout était replongé dans une obscurité plus profonde : d'autres fois des éclairs dessinaient tout le château, détachaient l'arcade gothique, la tourelle au-dessus, les fortifications au-dessous ; et alors l'édifice entier, ses tours, sa masse, ses étroites fenêtres, brillaient et disparaissaient à l'instant.

Emilie, en regardant le rempart, revit encore la flamme qu'elle avait remarquée : cette flamme était en mouvement. Bientôt après, Emilie entendit marcher ; la lumière se montrait et s'éclipsait successivement. Elle la vit passer sous sa fenêtre ; mais l'obscurité était telle qu'on ne pouvait distinguer que la flamme : tout à coup la lueur d'un éclair fit voir à Emilie quelqu'un sur la terrasse. Toutes les anxiétés qu'elle avait éprouvées la nuit précédente se renouvelèrent ; la personne s'avança, et la flamme, qui semblait se jouer, paraissait et s'évanouissait par moments. Emilie desirait parler pour terminer ses doutes, et s'assurer si la figure était humaine ou bien surnaturelle : le courage lui manquait toutes les fois qu'elle ouvrait la bouche. La lumière s'étant enfin montrée justement au-dessous de sa fenêtre, elle demanda d'une voix languissante qui c'était.

XCIII.

Pourquoi ne m'avez-vous pas envoyé les deux livres que je vous ai fait redemander ? Je ne vous les avais prêtés que pour sept à huit jours, et vous les avez gardés plus de trois mois. Vous m'avez dit, dans le temps, que vous les aviez laissé emporter par votre cousin, qui les a laissés tomber dans la boue. C'est sans doute pour cela que vous n'avez pas osé me les renvoyer.—Les proverbes que nous avons vu jouer, et qui nous ont tant amusés, ont été composés par cette jeune personne que vous avez vue jouer le rôle de Ruth dans le dernier. Cette jeune personne est une étrangère qui n'est arrivée en France que depuis deux ans. Les progrès qu'elle a faits dans l'étude de notre langue, qu'elle n'avait jamais entendu parler avant son arrivée à Paris, ont paru surprenants à touts ceux qui en ont été les témoins. Les petites pièces qu'elle s'est amusée à composer font nos délices depuis six mois. Je ne saurais vous dire touts les applaudissements qu'elles lui ont valus. — La foudre que nous avons entendue gronder est tombée sur une église, qui a été brûlée tout entière. Toutes les personnes qui se sont trouvées dans cette église se sont enfuies avec précipitation. En sortant, elles se sont jetées les unes sur les autres; et un grand nombre d'entr'elles ont été blessées. Touts les efforts qu'on a faits pour arrêter l'incendie ont été inutiles. La flamme s'est communiquée à toutes les parties de l'édifice avec une rapidité incroyable. — L'histoire des sciences ne présente que deux hommes qui, par la nature de leurs ouvrages, paraissent se rapprocher de Buffon, Aristote et Pline. Touts deux, infatigables comme lui dans le travail, étonnants par l'immensité de leurs connaissances, et par celle des plans qu'ils ont conçus et exécutés ; touts deux, respectés pendant leur vie, et honorés après leur mort par leurs concitoyens, ont vu leur gloire survivre aux révolutions des opinions et des empires, aux nations qui les ont produits, et même aux langues qu'ils ont employées ; et ils semblent, par leur exemple, promettre à Buffon une gloire non moins durable. — Ceux dont cette princesse a présenté les vœux ou les plaintes, offrent pour elle de touts côtés le sacrifice de leurs larmes ou de leurs prières. Les familles qu'elle a assistées, et qui lui doivent le repos dont elles jouissent, lui souhaitent incessamment le repos éternel devant Dieu. Les villes les plus nombreuses assemblent leurs peuples pour lui rendre pompeusement des devoirs funèbres. Les provinces qu'elle a autrefois édifiées par sa piété, et par les aumônes qu'elle y a répandues, retentissent du bruit de ses louanges. Les prêtres offrent pour elle le sacrifice de Jésus-Christ sur les autels ; et les pauvres qu'elle a secourus demandent à Dieu pour elle la miséricorde qu'elle leur a faite.

XCIV.

Les inquiétudes que nous avions conçues sur le sort de mon frère se sont enfin dissipées. Les lettres que nous en avons reçues ces jours-ci nous ont entièrement rassurés. Il s'est heureusement tiré de touts les dangers qu'il a courus. Autant il a rencontré d'ennemis, autant il en a tué. Les arbres que j'ai vu planter, je les ai vus croître en peu d'années. Les ennemis que nous avons eus à combattre, et que nous n'avons pu vaincre, ont péri de froid et de faim. La bonne action que cette femme bienfaisante avait tâché de rendre secrète s'est divulguée promptement, et a excité l'admiration de touts ceux qui en ont été informés. Les avis que je vous ai donnés, mes amis, et que vous avez négligé de suivre, vous auraient garantis des malheurs que vous avez essuyés, et dont vous n'êtes devenus les tristes victimes que par votre légèreté et votre imprudence. Quelles que soient vos excuses, vous serez condamnés par touts les gens sensés. Vous vous étiez imaginé que vous pourriez voler de vos propres ailes ; mais votre chute funeste vous aura sans doute rendus plus circonspects. Ces peuples se sont laissés aller aux attraits de la volupté, de cette sirène enchanteresse qui les a perdus sans ressource. Ce qu'une judicieuse prévoyance n'a pu mettre dans l'esprit des hommes, une maîtresse plus impérieuse, je veux dire l'expérience, les a forcés de le croire. Osons être par nous-mêmes, et nous ne contredirons point ces premières impressions que le ciel a tracées en nous. Voilà les ennemis que la reine a eus à combattre, et que, ni sa prudence, ni sa douceur, ni sa fermeté, n'ont pu vaincre. Que si l'esprit d'indocilité et d'indépendance s'est montré tout entier à l'Angleterre, et si sa malignité s'y est déclarée sans réserve, les rois en ont souffert : mais aussi les rois en ont été cause ; ils ont trop fait sentir aux peuples que l'ancienne religion se pouvait changer ; les sujets ont cessé d'en révérer les maximes quand ils les ont vues céder aux passions et aux intérêts de leurs princes. Ces terres trop remuées, et devenues incapables de consistance, sont tombées de toutes parts, et n'ont fait voir que d'effroyables précipices : j'appelle ainsi tant d'erreurs téméraires et extravagantes qu'on voyait paraître touts les jours.

XCV.

Mais la sage et religieuse princesse qui fait le sujet de ce discours n'a pas été seulement un spectacle proposé aux hommes pour y étudier les conseils de la divine providence et les fatales révolutions des monarchies ; elle s'est instruite elle-même pendant que Dieu instruisait les princes par son exemple. Elle a également entendu deux leçons bien opposées c'est-à-dire qu'elle a usé chrétiennement de la bonne et de la mauvaise fortune. Dans l'une elle a été bienfaisante, dans l'autre elle s'est montrée toujours invincible. Tant qu'elle a été heureuse, elle a fait sentir son pouvoir au monde par des bontés infinies ; quand la fortune l'eut abandonnée, elle s'enrichit plus que jamais elle-même de vertus ; tellement qu'elle a perdu pour son propre bien cette puissance royale qu'elle avait reçue pour le bien des autres ; et si ses sujets, si ses alliés, si l'église universelle a profité de ses grandeurs, elle-même a su profiter de ses malheurs et de ses disgrâces plus qu'elle n'avait fait de toute sa gloire. — Avec quelle prudence elle traitait les affaires. Une main si habile eût sauvé l'état, si l'état eût pu être sauvé. On ne peut assez louer la magnanimité de cette princesse. La fortune ne pouvait rien sur elle ; ni les maux qu'elle a prévus, ni ceux qui l'ont surprise, n'ont abattu son courage. — Que si l'histoire de l'église garde chèrement la mémoire de cette reine, notre histoire ne taira pas les avantages qu'elle a procurés à sa maison et à sa patrie : femme et mère très chérie et très honorée, elle a réconcilié avec la France le roi son mari et le roi son fils.

Et, depuis, ne s'est-elle pas appliquée en toute rencontre à conserver cette même intelligence ? — Quand j'envisage de près les infortunes inouïes d'une si grande reine, je ne trouve plus de paroles ; et mon esprit, rebuté de tant d'indignes traitements qu'on a faits à la majesté et à la vertu, ne se résoudrait jamais à se jeter parmi tant d'horreurs, si la constance admirable avec laquelle cette princesse a soutenu ces calamités ne surpassait de bien loin les crimes qui les ont causées.

XCVI.

Une des plus essentielles et des plus nobles fonctions des souverains, c'est de rendre la justice aux peuples. Saint Louis en fit une des principales occupations de son règne. Il écoutait, il examinait lui-même par son équité les différents de son peuple. L'entrée du Louvre était libre à touts ceux qui recouraient à sa protection. On ne voyait pas autour de lui des rangs affreux de gardes en haie pour effrayer les timides, ou pour rebuter les importuns : il ne fallait pas gagner par des présents ou fléchir par des prières des huissiers intéressés ou inexorables. Il n'y avait point de barrière entre le roi et les sujets que le moindre ne pût franchir. On n'attendait pas quel serait son sort auprès de ces portes superbes qu'on entr'ouvre de temps en temps pour exclure , non pas pour recevoir ceux qui se présentent. On n'avait besoin d'autre recommandation ni d'autre crédit que de celui de la justice ; et c'était un titre suffisant pour être introduit auprès du prince, que d'avoir besoin de sa protection.

Que j'aime à me le représenter ce bon roi , comme l'histoire le représente dans le bois de Vincennes , sous ces arbres que le temps a respectés, s'arrêtant, au milieu de ses divertissements innocents, pour écouter les plaintes, et pour recevoir les requêtes de ses sujets. Grands et petits , riches et pauvres , touts pénétraient jusqu'à lui indifféremment dans le temps le plus agréable de sa promenade. Il n'y avait point de différence entre ses heures de loisir et ses heures d'occupation. Son tribunal le suivait par-tout où il allait. Sous un dais de feuillage et sur un trône de gazon , comme sous les lambris dorés de son palais et sur son lit de justice, sans brigue , sans faveur , sans acception de qualité ni de fortune , il rendait sans délai ses jugements et ses oracles avec autorité , avec équité , avec tendresse; roi , juge et père, tout ensemble.

XCVII.

Vous trouverez ci-incluse la lettre que vous m'avez prié d'écrire en votre faveur à monsieur le directeur général des douanes du royaume. Je crains que cette recommandation ne vous soit pas aussi utile que je l'avais cru d'abord. J'aurais cependant bien desiré pouvoir vous marquer, par mes bons offices, toute la reconnaissance dont je suis pénétré pour les nombreux services que vous avez bien voulu me rendre, et que je n'oublierai jamais. Je vous ai envoyé, la semaine passée, les deux cents louis que vous m'aviez demandés. Je suis surpris que vous ne m'ayez pas encore écrit que vous les avez reçus. Cependant l'homme auquel je les ai confiés a dû arriver à Moulins au bout de deux jours, et il les aura sans doute fait porter chez vous le lendemain. Cette somme complètera les onze mille francs que je m'étais engagé à vous payer ce mois-ci. Je mettrai la même exactitude dans les paiements que je dois vous faire le mois prochain.

Le peu de progrès que ces élèves ont faits dans l'étude de la langue latine, à laquelle ils se sont appliqués depuis deux ans, prouvent que la méthode que le maître a suivie ne saurait produire les succès qu'il en avait espérés.

Le peu de confiance que j'avais mis en cette méthode se trouve justifié par l'événement. Je me défierai toujours de ces nouvelles méthodes qu'on a imaginées depuis vingt ans, et dont aucune n'a été couronnée par les prodigieux succès que les inventeurs avaient osé s'en promettre .... Mes sœurs que vous avez laissées partir ne reviendront plus dans cette maison qu'elles ont quittée, et qu'elles n'ont aucunement regrettée. Les chaleurs excessives qu'il a fait pendant les deux mois qu'elles ont passés ici, les ont empêchées de sortir. Elles se sont peu promenées, elles se sont beaucoup ennuyées; elles se sont proposé de ne jamais revenir. Je vous ai dit avec quelle impatience elles ont attendu l'époque que ma mère avait fixée pour leur départ, avec quelle joie elles l'ont enfin vue arriver..... La ferme que nous nous étions proposé d'acheter n'est pas aussi considérable qu'on nous l'avait annoncé. Nous avons été la voir hier, et nous avons reconnu que les rapports qu'on nous avait faits sur son étendue et ses produits étaient bien exagérés. Elle ne contient guère que deux cents hectares, tant en terre ensemencées qu'en vignes et en prairies. Le fermier qui l'a exploitée depuis neuf ans n'emploie que trois charrues. Les bénéfices qu'il nous a assuré qu'il avait faits,

ne se seraient jamais élevés au-delà de huit
à neuf cents francs , ses dépenses prélevées. ...

> O toi, soleil, ô toi qui rends le jour au monde,
> Que ne l'as-tu laissé dans une nuit profonde !
> A de si noirs forfaits prêtes-tu tes rayons?
> Et peux-tu sans horreur voir ce que nous voyons!
> Mais ces monstres, hélas, ne t'épouvantent guères!
> La race de Laïus les a rendus vulgaires:
> Tu peux voir sans frayeur les crimes de mes fils,
> Après ceux que le père et la mère ont commis.
> Tu ne t'étonnes pas , si mes fils sont perfides,
> S'ils sont touts deux méchants, et s'ils sont parricides;
> Tu sais qu'ils sont sortis d'un sang incestueux,
> Et tu t'étonnerais , s'ils étaient vertueux.

(RACINE, *tragédie des Frères ennemis.*)

XCVIII.

L'heure que j'ai entendue sonner me rappelle la parole que j'ai donnée de me rendre
dans une assemblée nombreuse qui doit avoir
lieu aujourd'hui pour discuter une question
très intéressante que la chambre du commerce
a renvoyée à notre examen. Les papiers que j'ai
entendu lire font mention de deux grands
combats qui se sont livrés entre les Russes et
les Turcs, et dans lesquels les Turcs ont rem-
porté des avantages que les Russes leur ont
fortement disputés. Les alléluia que nous
avons entendu chanter nous ont beaucoup

réjouis. Nous nous sommes présentés ce matin chez votre tante. La domestique qui est venue nous ouvrir la porte s'était fait attendre, nous avait laissés sonner plus d'une demi-heure. Nous l'avons bien groudée; elle s'est fâchée; elle nous a empêchés d'entrer chez sa maîtresse. Nous nous sommes écriés : Madame, veuillez bien ordonner à votre domestique de nous laisser entrer. Nous avons quelque chose de très important à vous communiquer; nous ne pourrons pas revenir plus tard. Votre tante s'est hâtée de venir nous recevoir, et elle a fait à la servante tous les reproches qu'elle a dû. Quels avantages avez-vous retirés des mensonges honteux que vous n'avez pas craint de répandre contre vos ennemis et contre vo meilleurs amis mêmes ? La vérité a percé ; et l'indignation publique, que nous avons vue éclater, vous a appris quel cas on fait de vos pareils. Que de périls j'ai courus dans les deux derniers voyages que j'ai faits ! Ces juges se sont laissé gagner par l'appât d'une somme qu'on leur a promise, mais qu'ils n'ont pas touchée. Nous les avons vus tomber, ces co-losses aux pieds d'argile; c'est par ceux-là mêmes qui les avaient élevés si haut, que nous les avons vu abattre. Turgot et Sully se sont immortalisés par leurs vertus, plus encore que

H

par leurs talents. Tous les gens de loi que nous avons consultés nous ont assuré que nous gagnerions notre procès. Malheureuse Calypso, tu t'es trahie toi-même, te voilà engagée, et les ondes du Styx, par lesquelles tu as juré, ne te permettent plus de changer ! Les feux qu'on avait allumés se sont éteints d'eux-mêmes. Ceux qui les avaient allumés, n'en ayant plus besoin, les ont laissé éteindre. Les imbécilles que tu as entendus babiller si impertinemment sur des sujets si puérils, se sont tus, quand ils nous ont vus entrer. Ces soldats dont la renommée a chanté les exploits ne se sont jamais laissé abattre par les privations qu'ils ont eues à supporter. Ils ont usé de toutes les ressources qu'a comportées leur situation.

Que pourrais-je espérer d'une amitié passée,
Qu'un long éloignement n'a que trop effacée ?

(RACINE.)

XCIX.

Mes amis, par quelles illusions ne vous êtes-vous pas laissé abuser ? Julie a perdu la cuiller qu'elle s'était chargée de porter à son frère Achille. On a puni ces deux hommes, non pour les maux qu'ils ont faits, mais pour ceux qu'ils ont laissé faire. De quatre-vingts louis

que j'avais emportés en partant, j'en ai dé-
pensé vingt, j'en ai donné quinze à ma sœur,
que j'ai trouvée peu heureuse, et j'ai rapporté
les quarante cinq autres. Nous nous sommes
réjouis de ce que nos ennemis avaient négligé
les belles occasions qu'ils avaient eues de nous
attaquer, de ce qu'ils les avaient laissées
échapper, de ce qu'ils n'en avaient point
profité. Nous avons fait tous les efforts que
nous avons pu, et cependant nous n'avons
pas réussi dans notre entreprise. La lettre que
j'ai présumé que vous aviez reçue la semaine
passée, ne vous a donc été remise que dans
les premiers jours de celle-ci? Les livres que
vous m'avez prié de vous envoyer ont été
portés ce matin au bureau des messageries.
Les six ans qu'a duré notre liaison se sont
écoulés fort agréablement. Les dix jours que
j'ai demeuré chez vous ne m'ont paru qu'un
instant. Les beaux jours qu'il y a eu cet automne ont été attribués par le peuple à l'influence de la comète que nous avons vue paraître à la fin de l'été dernier. Les deux heures
que j'ai dormi m'ont soulagé la tête. Les
sommes que le commerce leur a valües ne
les ont pas enrichis. Je ne crois point que
vos deux chevaux, quelque beaux qu'ils soient
vaillent les deux milles écus qu'ils vous ont

coûté. Que de soins m'a coûtés cette affaire que vous m'avez confiée, et que j'ai heureusement terminée ! De quoi vous ont servi les soins que vous vous êtes donnés, les peines que vous avez prises pour obliger ces méchantes gens ? Les trois lieues que nous avons couru à travers les champs nous ont donné un grand appétit. Mon frère n'a obtenu aucun des emplois qu'il a courus. Croyez-vous que cette maison vaille encore aujourd'hui les vingt mille francs qu'elle a valu il y a six ans ? Les trois postes que nous avons couru nous ont coûté seize francs. La statue équestre que vous avez vu ériger l'an passé est tombée. Le dernier orage l'a renversée. C'est un aveugle de l'hospice des Quinze-Vingts, qui a exécuté les beaux chefs-d'œuvre que tu as admirés et que tu t'es proposé d'imiter. Quels que soient les écueils dont la nef d'Ulysse se soit vu menacer, elle s'en est garantie, et ne s'en est pas laissé endommager. — Racine met ces paroles dans la bouche de Jocaste :

Dureront-ils toujours ces ennuis si funestes ?
N'épuiseront-ils point les vengeances célestes ?
Me feront-ils souffrir tant de cruels trépas,
Sans jamais au tombeau précipiter mes pas ?
O ciel, que tes rigueurs seraient peu redoutables,
Si la foudre d'abord accablait les coupables !
Et que tes châtiments paraissent infinis

Quand tu laisses la vie à ceux que tu punis!
Tu ne l'ignores pas, depuis le jour infame
Où de mon propre fils je me trouvai la femme,
Le moindre des tourments que mon cœur a soufferts
Égale tous les maux que l'on souffre aux enfers.
Et toutefois, ô dieux! un crime involontaire
Devait-il attirer toute votre colère?

(Tragédie des Frères ennemis.)

C.

ÉRUPTION DU VOLCAN DE QUITO.

Heureux les peuples qui habitent les vallées et les collines que la mer a formées, dans son sein, des sables que roulent ses flots, et des dépouilles de la terre! Le pasteur y conduit ses troupeaux sans alarmes ; le laboureur y sème et y moisonne en paix. Mais malheur aux peuples voisins de ces montagnes sourcilleuses dont le pied n'a jamais trempé dans l'Océan, et dont la cime s'élève au-dessus des nues! Ce sont des soupiraux que le feu souterrain s'est ouverts en brisant la voûte des fournaises profondes où sans cesse il bouillonne. Il a formé ces monts des rochers calcinés, des métaux brûlants et liquides, des flots de cendres et de bitume qu'il lançait, et qui, dans leur chute, s'accumulaient aux bords de ces gouffres ouverts. Malheur aux peuples que la fertilité de ce terrain perfide attache! Les fleurs, les fruits et les moissons couvrent l'abyme sous leurs pas. Ces germes de fécondité dont la terre est pénétrée sont les exhalaisons du feu qui la dévore; sa richesse, en croissant, présage sa ruine, et c'est au sein de l'abondance qu'on lui voit engloutir ses heureux possesseurs. Tel est le climat de Quito. La ville est dominée par un volcan terrible, qui, par de fréquentes secousses, en ébranle les fondements.

Un jour que le peuple indien, répandu dans les campagnes, labourait, semait, moissonnait (car ce riche vallon présente tous ces travaux à la fois), et que les filles du Soleil, dans l'intérieur de leur palais, étaient occupées, les unes à filer, les autres à ourdir les précieux tissus de laine dont le pontife et le roi sont vêtus, un bruit sourd se fait d'abord entendre dans les entrailles du volcan. Ce bruit, semblable à celui de la mer, lorsqu'elle conçoit les tempêtes, s'accroît, et se change bientôt en un mugissement profond. La terre tremble, le ciel gronde, de noires vapeurs, l'enveloppent; le temple et les palais chancellent et menacent de s'écrouler; la montagne s'ébranle, et sa cime entr'ouverte vomit, avec les vents enfermés dans son sein, des flots de bitume liquide, et des tourbillons de fumée, qui rougissent, s'enflamment, et lancent dans les airs des éclats de rochers brûlants qu'ils ont détachés de l'abyme : superbe et terrible spectacle de voir des rivières de feu bondir à flots étincelants, au travers des monceaux de neige, et s'y creuser un lit vaste et profond.

Dans les murs, hors des murs, la désolation, l'épouvante, le vertige de la terreur, se répandent en un instant. Le laboureur regarde, et reste immobile. Il n'oserait entamer la terre qu'il sent comme une mer flottante sous ses pas. Parmi les prêtres du Soleil, les uns tremblants s'élancent hors du temple ; les autres consternés embrassent l'autel de leur dieu. Les vierges éperdues sortent de leur palais, dont les toits menacent de fondre sur leur tête, et courant dans leur vaste enclos, pâles, échevelées, elles tendent leurs mains timides vers ces murs d'où la pitié même n'ose approcher pour les secourir.

(Les Incas.)

CI.

Quand la nuit fut revenue, Émilie s'étant rappelé la musique mystérieuse qu'elle avait déjà entendue, espéra qu'elle l'entendrait encore. L'influence de la superstition devenait chaque jour plus active sur son esprit affaibli par la douleur. S'étant déterminée à attendre seule, elle congédia Annette : il était encore loin de l'heure où la musique s'était fait entendre ; et dans le desir de distraire ses pensées, et d'oublier un sujet d'affliction, elle choisit un des livres qu'elle avait apportés de France. Mais son esprit inquiet et agité ne pouvait soutenir l'application. Elle alla mille fois à la fenêtre pour écouter les sons qu'elle avait espéré d'entendre. Elle s'était imaginé un moment qu'elle entendait une voix. Mais bientôt elle reconnut que tout était tranquille ; et elle se crut trompée par son imagination.

Ainsi passa le temps jusqu'à minuit. A ce moment, tous les bruits éloignés qui murmuraient dans l'enceinte du château se trouvèrent assoupis presque à la fois, et le sommeil sembla régner par-tout. Émilie, s'étant mise à la fenêtre, fut tirée de sa rêverie par des sons fort extraordinaires : ce n'était pas une harmonie, mais c'étaient les murmures secrets d'une personne désolée. En écoutant, le cœur lui manqua de terreur, et elle demeura convaincue que les premiers accords qu'elle avait cru entendre n'étaient qu'imaginaires. Par intervalles, elle entendait de faibles lamentations, et cherchait à découvrir d'où elles venaient. Il y avait au-dessous d'elle un grand nombre de chambres fermées depuis long-temps, et il était probable que le bruit en sortait. S'étant penchée sur la fenêtre pour découvrir quelque lumière, elle crut remarquer que toutes les chambres étaient dans les ténèbres ; mais, à peu de distance, sur le rempart, elle crut apercevoir quelque chose en mouvement. Le faible éclat que donnaient les étoiles ne lui permettait pas de distinguer précisément. Elle jugea que c'était une sentinelle de garde, et mit de côté la lumière pour observer avec loisir, sans être elle-même remarquée.

CII.

Le brigand avait enfermé la tante d'Émilie dans cette tour, et l'y avait abandonnée à la plus rigoureuse captivité. Sans remords, sans pitié, il l'avait laissée languir en proie à une fièvre dévorante qui l'avait mise enfin aux portes du tombeau. Le sang dont Émilie avait vu la trace dans l'escalier avait coulé d'une blessure que l'un des satellites du brigand avait reçue pendant le combat, et qui s'était débandée en marchant. Pendant la nuit, ces hommes s'étaient contentés de bien enfermer leur prisonnière, et ils avaient ensuite cessé de la garder. C'est pour cela qu'à la première recherche Emilie avait trouvé cette tour déserte et silencieuse. Quand elle fit un effort pour ouvrir la porte de la chambre, sa tante s'était endormie; et le silence profond qui régnait lui confirma l'idée que sa tante n'existait plus. Cependant, si la terreur ne l'eût pas empêchée de recommencer à l'appeler, la tante se serait réveillée, et la nièce se serait épargné bien des peines. Quand la nuit fut venue, Émilie voulut la passer près de sa tante; mais celle-ci s'y opposa absolument. Elle exigea que sa nièce allât prendre du repos, et qu'Annette seule restât près d'elle. Le repos véritablement était bien nécessaire à Émilie, après les secousses et les mouvements qu'elle avait eus à supporter dans ce jour. Occupée de réflexions mélancoliques, anticipant tristement sur l'avenir, Émilie ne s'était pas mise au lit; elle s'était appuyée, dans sa rêverie, au bord de sa fenêtre ouverte. Les bois et les montagnes, tranquillement éclairés par l'astre des nuits, formaient un contraste pénible avec l'état de son esprit; mais le murmure des bois et le sommeil de la nature adoucirent graduellement les émo-

tions qu'elle ressentait, et soulagèrent enfin
son cœur jusqu'à lui faire verser des larmes.
Elle resta à pleurer pendant assez long-temps,
sans suivre aucune idée, et ne conservant que
le sentiment vague des malheurs qui pesaient
sur elle. Quand, à la fin, elle ôta le mouchoir
de ses yeux, elle aperçut devant elle, sur la
terrasse, la figure qu'elle avait déjà observée.
Elle était immobile et muette en face de ses
fenêtres. En la voyant, elle tressaillit, et la
terreur, pour un moment, surmonta sa curiosité. Elle revint ensuite à la fenêtre, et la
figure y était encore : elle put l'examiner,
mais non pas lui parler, comme elle se l'était
d'abord proposé. La lune était brillante, et
l'agitation de son esprit était peut-être l'unique
obstacle à ce qu'elle distinguât nettement la figure qui était devant elle. Cette figure ne faisait aucun mouvement, et Émilie douta qu'elle
pût être animée.

CIII.

Un Plébéien chargé de fers vint se jeter
dans la place publique comme dans un asile.
Ses habits étaient mouillés ; il était pâle, et
défiguré ; une grande barbe et des cheveux
négligés et en désordre rendaient son visage
affreux. On ne laissa pas de le reconnaître,

et quelques personnes se souvinrent de l'avoir vu dans les armées commander et combattre avec beaucoup de valeur. Il montrait lui-même les cicatrices des blessures qu'il avait reçues en différentes occasions ; il nommait les consuls et les tribuns sous lesquels il avait servi ; et, adressant la parole à une multitude de gens qui l'environnaient, qui lui demandaient la cause de l'état déplorable où il était réduit, il leur dit que, pendant qu'il portait les armes dans la dernière guerre qu'on avait faite contre les Sabins, non seulement il n'avait pu cultiver son petit héritage, mais que les ennemis mêmes, dans une course, après avoir pillé sa maison, y avaient mis le feu ; que les besoins de la vie et les tributs qu'on l'avait obligé de payer, malgré cette disgrâce, l'avaient forcé de faire des dettes ; que, les intérêts s'étant insensiblement accumulés, il s'était vu réduit à la triste nécessité de céder son héritage pour en acquitter une partie ; mais que le créancier impitoyable, n'étant pas entièrement payé, l'avait fait traîner en prison avec deux de ses enfants ; que, pour l'obliger à accélérer le paiement de ce qui restait dû, il l'avait livré à ses esclaves, qui, par son ordre, lui avaient déchiré le corps : en même temps il se découvrit, et montra son dos en-

core tout sanglant des coups de fouet qu'il
avait reçus.

(VERTOT, *Révolutions romaines.*)

Les accusateurs de Manlius lui reprochèrent
ses discours séditieux, les changements qu'il
avait proposé de faire dans le gouvernement,
ses largesses intéressées pour soulever la multitude, et la fausse accusation dont il avait
offensé tout le corps du sénat. Manlius, sans
entrer dans la discussion de ces différents chefs,
n'y répondit que par le récit de ses services,
et des témoignages qu'il en avait reçus de ses
généraux : il représenta des bracelets, des
javelots, deux couronnes d'or, pour être
entré le premier dans une ville ennemie par
la brèche ; huit couronnes civiques pour avoir
sauvé la vie dans des batailles à autant de
citoyens, et trente dépouilles d'ennemis qu'il
avait tués de sa main en combat singulier. Il
se découvrit en même temps la poitrine, qu'il
fit voir toute couverte des cicatrices que lui
avaient laissées les blessures qu'il avait reçues
dans ces combats : enfin, il appela Jupiter
et les autres dieux à son secours ; et, se tournant vers l'assemblée, il conjura le peuple de
jeter les yeux sur le Capitole avant que de le
condamner.

(*Le même.*)

CIV.

Vos sœurs sont plus sages que je ne l'avais pensé. La nouvelle tragédie est mieux écrite que vous ne l'aviez imaginé. Baléazar possède plus de trésors que son père n'en avait amassé. La mortelle offense que vous aviez reçue avait justement excité toute votre indignation ; mais la vengeance terrible que vous en avez tirée a dû vous satisfaire pleinement. Autant d'ennemis on lui a suscités, autant il en a vaincus. Plus il a rencontré de difficultés, plus il en a surmonté. J'ai reçu les fruits que vous m'avez envoyés ; plus j'en ai mangé, plus je les ai trouvés délicieux. Les figures que vous avez vu dessiner ne sont pas d'un bon goût ; on les a agrandies d'un pouce. On les a fait tracer à votre sœur, qui les a très bien exécutées. Que de rois se sont succédé sur le trône de France ! Que de siècles se sont écoulés depuis la création du monde ! Les oraisons funèbres de Bossuet sont autant de chefs-d'œuvre. A une mâle et vigoureuse éloquence il joignait, dans ses sermons, à l'avantage que lui donnait une vaste érudition, celui d'être plein, solide, instructif. Aussi, ces sermons lui attirèrent l'admiration générale, et lui méritèrent la protection d'un monarque qui savait reconnaître et récompenser le génie par-tout où il le trouvait. Bossuet tenait chez lui des conférences où se rassemblaient les docteurs les plus distingués. On y étudiait l'Écriture sainte ; chacun apportait ses recherches et ses remarques particulières ; et Bossuet a recueilli, dans les notes qu'il a données sur les pseaumes et sur les cinq livres de Salomon, tout ce qui lui parut digne d'être conservé. Jamais évêque ne remplit les fonctions de l'épiscopat avec plus d'exactitude et de zèle. Ses prédications, ses règlements, ses ordonnances, les catéchismes et livres de prières et de piété qu'il a composés, et les fréquentes tournées qu'il faisait dans son diocèse, prouvent avec quelle attention il veillait sur les fidelles confiés à ses soins. Bossuet mourut en 1703.

Le 12e sujet a été ainsi traité par mademoiselle Floriska *Châtelain*, du pensionnat de madame Sophie Debré.

Lettre sur l'Espérance.

Depuis deux ans que je vis séparée de toi, ma bonne et tendre mère, que serais-je devenue, pendant un si long espace de temps, si je n'avais

eu pour compagne la douce Espérance? C'est elle
qui m'a toujours soutenue; elle savait me montrer
l'avenir sous des dehors si séduisants, qu'elle dis-
sipait par ses charmes les peines que j'aurais pu
éprouver loin d'une mère chérie. Oui, de touts
les bienfaits de cet Être suprême qui nous a créés,
c'est celui que j'estime le plus. La vie même ne
paraîtrait à mes yeux qu'un pénible fardeau, si
Dieu n'y avait ajouté un présent plus doux, celui
de l'Espérance. Que deviendrions-nous sans cette
aimable consolatrice ! C'est une amie fidelle, qui
n'abandonne jamais son amie; elle nous console
et nous soutient jusqu'à nos derniers moments.
Sommes-nous plongés dans l'abyme du malheur,
elle offre à nos yeux charmés la perspective d'un
bonheur prochain; elle procure des douceurs au
sein même des maux les plus affreux. Ah ! le bonheur qu'elle nous donne est le seul véritable.
Celui que notre imagination nous promet, s'évanouit à mesure que nous croyons l'atteindre ; et
c'est souvent à l'instant où, tranquilles, nous
croyons l'avoir trouvé, qu'il nous échappe avec
plus de rapidité. L'Espérance n'abandonne personne ; elle nous suit depuis l'âge le plus tendre
jusque dans la vieillesse la plus reculée; elle nous
séduit dans la jeunesse sous des dehors trompeurs;
elle nous montre l'avenir comme une rose dont
on a soin de cacher la tige, pour ne pas laisser
voir les épines dont elle est hérissée. Dans la pros-
périté, elle augmente encore le bonheur dont
nous jouissons, en nous le faisant attendre toujours plus grand. Elle nous cache ce qui pourrait
le troubler : d'une main elle met un bandeau
sur les yeux qui pourraient apercevoir le malheur, tandis que de l'autre elle soulève le voile
qui couvre l'avenir, pour nous le montrer tou-

jours heureux. Dans la vieillesse, c'est sous une autre forme qu'elle se présente à nous : elle ne peut plus nous séduire par l'attrait des plaisirs dont nous connaissons la fausseté ; ce serait vainement qu'elle chercherait à nous tromper. Aussi, c'est sous une autre forme qu'elle se glisse dans nos cœurs : elle encourage le vieillard, en lui montrant une récompense éternelle et digne de sa persévérance ; ce n'est plus sur la terre qu'elle fixe ses pensées, mais dans un autre monde, où elle lui fait voir le prix de ses vertus et de ses travaux. Elle adoucit la mort même, et la lui fait entrevoir comme la fin de son exil, et le commencement d'un bonheur éternel, et d'une félicité que rien ne pourra désormais troubler.

Le 20° a été traité de la manière suivante par mademoiselle Lise *Séjan*, du pensionnat de madame Place.

Blanche de Castille à Saint Louis, pour l'exhorter à renoncer à son projet de conquérir la Terre-Sainte.

Mon fils, vous allez partir ; vous persistez dans votre dessein d'aller conquérir la Terre-Sainte. Plusieurs de vos prédécesseurs ont essayé de délivrer les chrétiens de Jérusalem de la tyrannie des Musulmans, et tous ont échoué dans cette entreprise. Vous espérez avoir plus de succès ; mais peut-être serez-vous aussi trompé dans votre attente. Songez que Dieu ne vous appelle pas à cette expédition ; qu'au contraire, les rois sont appelés à rester dans leurs états pour faire le bonheur de leurs peuples, et que le clergé même s'accorde à dire que votre vœu est nul. Pendant votre absence, vos sujets souffriront. Je vous entends déjà me répondre que vous me laissez la régence, et que, si j'ai bien gouverné pendant votre minorité, je m'en acquitterai aussi bien à présent ; mais moi je dirai à cela que je suis avancée en âge, et que je ne resterai plus long-temps sur la terre, et qu'après ma mort le royaume sera exposé à la merci des grands, qui, recherchant plutôt leur avantage que celui du peuple, l'accableront d'impôts, et détruiront tout ce que j'aurai pu faire pendant le peu de temps que j'ai encore à vivre. D'ailleurs, les hommes que vous emmenez comme soldats sont ceux qui pendant la paix cultivent la terre. Alors on verra par-tout les campagnes désertes, arides, et ne produisant rien, faute d'hommes pour défricher la terre : car ne croyez pas les ramener ; ils périront touts, soit par la disette, soit par les maladies qui sont si terribles dans ces pays, soit enfin par la main des ennemis. Alors, vous serez accablé des malédictions de la veuve qui vous redemandera son époux, le seul appui d'une famille qui par là se trouvera plongée dans la plus affreuse misère ; de la mère qui vous reprochera d'avoir sacrifié à une piété mal entendue son fils, l'objet de ses uniques espérances. Ah ! je partage sa douleur, et je sens combien elle est naturelle, quand je la compare avec celle que j'éprouverais, si je vous perdais. O mon fils, je vous en supplie, renoncez à cette entreprise ; restez ici. Ne vous en rapportez pas à votre piété, qui est trop peu éclairée ; écoutez les avis de ces hommes respectables qui savent mieux que personne interpréter les volontés de Dieu. Continuez à gouverner le royaume comme vous avez commencé, et vous accomplirez les volontés de votre Créateur.

Le 24ᵉ a été ainsi traité par mademoiselle Amélie *Bienassis*, du pensionnat de madame de Chabans-Dubois.

Je veux peindre la vertu malheureuse et persécutée, triomphant du crime sans autre secours que son héroïque constance. Mais où prendre des couleurs pour faire un tel tableau ? Où trouver des pinceaux assez énergiques, pour tracer les pensées qu'un semblable sujet fait naître ? Où ? Dans les cœurs sensibles : oui, c'est le sentiment qui m'inspirera cette faible production ; elle n'est pas du ressort de l'esprit. Je vais, pour remplir mon objet, représenter un homme vertueux à qui l'on a fait perdre sa fortune, sa réputation, et que ses ennemis ont eu l'art de rendre l'objet de l'exécration générale. Cet infortuné, d'après de fausses accusations, est condamné à périr sur l'échafaud. Ah ! que son cœur doit éprouver d'affreuses angoisses, lorsqu'il se voit condamné à mourir comme un scélérat, peut-être même par ceux auxquels il a rendu des services si importants ! Les premiers moments qui ont suivi sa condamnation ont sans doute été horribles ; mais, lorsque, en s'examinant, il trouve sa justification dans sa conscience, lorsqu'il peut se dire à lui-même, Je suis une innocente victime de l'injustice des hommes ; le calme doit rentrer dans son ame, et paraître sur son front. Alors les malheureux qui le poursuivent par aveuglement, devraient se sentir pénétrés de respect en voyant

sa noble contenance, et les remords devraient
accabler ces méchants. Cependant le cœur sensible de leur victime est profondément blessé,
et, sans le secours de la religion, cette dure
épreuve ferait peut-être succomber son courage.
Mais cet infortuné ne peut lever les yeux au ciel,
sans y trouver un divin modèle; et, dans sa géné-
reuse piété, il me semble l'entendre dire comme
Jésus : Seigneur, pardonnez-leur, ils ne savent
ce qu'ils font! Cependant le douloureux sacrifice
va se consommer, et l'heure de la parfaite rési-
gnation est venue; il arrive au lieu de son supplice, et c'est là le lieu du triomphe de la vertu
persécutée. Jamais les héros de Rome, montant
au Capitole, couronnés de lauriers, ne furent
plus grands à mes yeux que cet infortuné; ceux-
là jouissaient avec orgueil des plus fastueuses
récompenses, et leur ambition n'était pas toujours satisfaite; et celui-ci, seul, avec le témoi-
gnage de sa conscience, s'estime heureux de res-
sembler au Dieu qui répandit son sang pour lui,
et brûle de terminer sa malheureuse vie, pour
aller se joindre plus tôt à ce Dieu si bon. Chaque
degré qu'il monte pour arriver à l'échafaud, semble
l'élever vers le ciel; c'est là que tendent touts ses
vœux. Mais c'en est fait, le glaive est levé!!!
Non, je n'ai pas la force d'achever cette horrible
scène! L'Eternel, qui avait soutenu le courage
de ce bienheureux martyr, le reçoit dans son
sein, et celui-ci trouve que l'ineffable bonheur
dont il jouit ne lui a pas coûté assez cher.

Mademoiselle Uranie *Chassaing*, du même pensionnat, a ainsi traité le 31e sujet (Cette élève n'avait que 13 ans).

La religion seule peut inspirer à l'homme le désir de secourir ses semblables ; c'est la loi divine de Jésus-Christ qui est son guide dans les établissements qu'il forme en faveur de l'humanité souffrante. C'est elle qui le soutient, et ranime son courage dans ses travaux ; c'est dans la vue seule de plaire à Dieu, de se rendre agréable à son Créateur, à celui de qui il tient tout, qu'il s'expose à tant de périls. Voyait-on parmi les païens des femmes consacrer leur vie, leur fortune, pour secourir de pauvres malades ? Au contraire, loin d'en prendre soin, elles donnaient la mort aux malheureux enfants difformes. N'est-ce pas la religion qui donne à ces femmes le courage dont elles sont remplies ? Combien de modèles ne trouve-t-on pas parmi ces sœurs *grises*, qui mettent leur bonheur à porter des secours aux malheureux ! Combien n'en voit-on pas, qui, au milieu des glaces, vont secourir des pauvres, subvenir à leurs besoins, et leur donner des choses que leur misère les empêcherait de se procurer ! On en voit aussi un grand nombre, occupées à tenir des écoles où elles prennent de malheureux enfants, les instruisent dans la vraie religion, leur font connaître leur Créateur, et ses bienfaits, qu'ils doivent toujours avoir devant les yeux. Notre admiration pour les filles de l'Hôtel-Dieu ne saurait être assez grande : ces saintes filles passent leur vie auprès des malades, des blessés ; elles pansent leurs plaies, et ne les quittent qu'après avoir reçu leur dernier soupir : elles ont

quelquefois le bonheur de leur rendre la vie tem-
porelle, et d'autres fois la vie spirituelle, bien
plus précieuse encore ; mais, moins heureuses,
elles ne parviennent pas toujours à les convertir.
Rien ne rebute ces filles vertueuses, et elles sont
toujours prêtes à recommencer la même action
de charité : la conversion ou la guérison de quelques malades est à leurs yeux une assez grande
récompense. Elles font avec joie le sacrifice de
leur fortune, en pensant que Dieu rend au cen-
tuple ce que l'on donne sur la terre. C'est là le
triomphe de la religion chrétienne ; ce sont là
les modèles que nous devons choisir.

www.ingramcontent.com/pod-product-compliance
Ingram Content Group UK Ltd.
Pitfield, Milton Keynes, MK11 3LW, UK
UKHW022342090726
13658UKWH00001B/406